认知

所谓成长就是认知升级

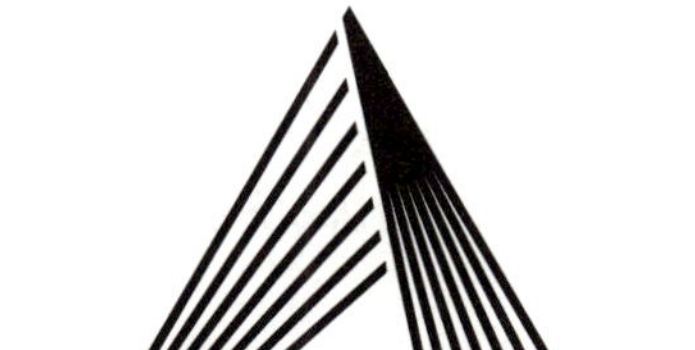

认知的深度

决定成长的高度

吴建平／著

中国友谊出版公司

图书在版编目（CIP）数据

认知：所谓成长就是认知升级 / 吴建平著. -- 北京：中国友谊出版公司，2018.12 （2019.7 重印）

ISBN 978-7-5057-4580-3

Ⅰ.①认… Ⅱ.①吴… Ⅲ.①认知科学—通俗读物 Ⅳ.①B842.1-49

中国版本图书馆 CIP 数据核字（2018）第 288553 号

书名 认知：所谓成长就是认知升级
作者 吴建平
出版 中国友谊出版公司
发行 中国友谊出版公司
经销 新华书店
印刷 北京中科印刷有限公司
规格 787×1092 毫米 32 开
10.75印张 256千字
版次 2019 年 3 月第 1 版
印次 2019 年 7 月第 2 次印刷
书号 ISBN 978-7-5057-4580-3
定价 55.00 元
地址 北京市朝阳区西坝河南里17号楼
邮编 100028
电话 （010）64678009

Cognition Cognition

人与人之间的差别，不是外貌、学历、智商、财富，
而是认知能力的偏差。

成长就是认知升级

企业的成功无法复制，个人也是。但是其成功的思维方式，依然有可借鉴之处。

猎豹 CEO 傅盛曾提到，所谓成长就是认知升级。

《罗辑思维》主讲人、得到 App 创始人罗振宇也说，这个时代，认知升级远比积累知识重要。

思维方式是“道”，做事方法是“术”，不学道而只学术，是用战术上的勤奋来掩盖战略上的懒惰。“道”不常得，“术”却随手可得。万物相通的部分，我们称之为“道”。悟了“道”，宛如古代武林高手修炼了顶尖内功心法，举手投足间，便可杀敌于无形。

一个人经过年岁增长、付出足够代价，也能逐渐领悟到这些。但是当你到了 40 岁、50 岁才有这些体会，代价是不是有些大？如果能在 20 多岁的时候就知道、理解并开始实践，何必蹉跎岁月？

写这本书的初衷，是源于早些年在工作中发现的一些有趣的现象。

例如：

很多人很聪明也很勤奋，但却很难出成绩，原因是什么？

上级和老板总是能想到你没有想到的地方，他们是怎么做到的？

来自同一个学校，年龄、学习成绩都差不多的同学，工作以后取得的成就用天差地别形容也不为过，这其中又隐藏着什么玄机呢？

在职场中遇到天花板，停留在中层管理者（经理、高级经理），为什么无论如何也达不到高管（总监、副总裁）的层次？

任何时代都有很多机会，但只有少数人能抓住，为什么你没有？

如果你也有这些苦恼和困惑，希望变得更智慧，那么这本书就是为你量身打造的。

我们知道，计算机在硬件配置差不多的情况下，能够做什么和做得多好主要取决于软件（操作系统和应用程序）。

从先天而言，同一时期人类的大脑大多在同一起跑线上，这是硬件基础。人与人的不同，主要在于人类大脑运行的软件基础的差别，我们把这个人类大脑的操作系统称为认知能力。

最初“认知”是个心理学专业名词，有个专门的学科叫作“认知心理学”，和认知相关的科学还有“认知神经科学”等。

我并没有打算把这本书写成科普书籍（偏理论、缺乏实用性），而是试图通过职业生涯中的经历，把认知思维框架整理得系统化，更具备实用性，以供大家借鉴。

目前市面上有一些偏理论的思维类书籍，看起来让你学会了很多名词和概念，但无法在工作和生活中有效应用。

而那些偏技巧性的思维类书籍，表面上看起来有很多案例，既能看懂也可以学以致用，但是我们只能知其然而不知其所以然，换个场景和问题，又束手无策了。

这本书，结合了我的认知、阅历以及实践经验，形成了一套完整的思维框架，你可以在这套思维框架基础上不断进行升级，突破“天花板效应”，用更高的维度看世界，同时游刃有余地解决生活和工作上的难题。

假如你能在读完每篇文章后，在工作中有意识地去应用，那么你很快就可以看到自己思维能力的提升。

当你形成自己的思维模型和认知框架后，就可以在实践中打碎再重塑。思维能力达到螺旋式上升，就是认知升级的终极形态。

当你的思维模型逐渐形成，就会拉开你和他人的差距，拥有个人持续性的竞争优势。

所以说，认知能力的提升，意味着世界观、格局、思考问题方式的改变，乃至改变人生。

目录
Contents

第一章

建立认知模型

人与人之间的差距，是认知能力的偏差。

认知是人类认识事物，对外界事物进行加工的过程。模型将复杂事物抽象后变得可视化，让人更容易理解。建立个人的认知模型，理解道与术的概念，是认知升级的基础。

别再用智商衡量自己

西方早在1889年就已经开始研究智力测验，最初的出发点是帮助一些心理发育迟缓的儿童恢复正常。

随着研究的深入，人们逐步开始采用智商的概念，**即智力商数，**是根据一种智力测验出来的分数（又称为比率智商），IQ（由Strem在1914年定义）= 心理年龄 / 生理年龄 ×100。假如一个八岁的孩子测得心理年龄是十岁，那么他的IQ=10/8×100=125。后来又出现了更科学的离差智商。离差智商测验中，被测者分数会被加起来，直接和同年龄组其他人进行比较，IQ值为100是平均值。

但是，这些测量标准都只注意到了量变而忽略了质变。

美国心理学家斯腾伯格采用了认知心理学的思想，认为个体智力上的差异是由其对刺激情境的信息处理方式不同造成的。他主张，人类智力是相互连接的三边关系组合的智力统合体，各边可视为智力的三种成分（组合性智力、经验性智力和实用性智力），长度因人而异，从而形成智力的个别差异。

其实，不论是哪种形式的智力测验，都有它的局限性。人类对于智力的概念尚没有清晰定义（在意识层面和脑神经科学层面，人类仍在探索）。智商测量的结果是精确的数值，**以精确的**

数值去描述模糊的未知事物，本身就存在偏差。

因此，不要再用智商测试的结果来衡量自己是否聪明。

在现代社会中，**人与人之间的差别，不是外貌、学历、智商、财富，而是认知能力的偏差。**

认知是人类认识事物的过程，对外界事物进行信息加工的过程。听觉、嗅觉、味觉、触觉、视觉，是人类生理上的信息输入，而认知则是大脑对输入进行加工后的高级处理。研究认知的科学被称为认知科学。

1. 认知与智商的关系

性能指效率，功能可以解决某类需求或问题。评价手机好不好用，如果只谈性能，就好比谈人类的聪明只谈智商一样有失偏颇，要把性能和功能结合起来评估。一个人智商即使再高，如果没有足够的认知能力，取得的成就也会大打折扣。

高智商和高颜值都属于先天优势，但“认知能力”完全可以通过后天的不断练习得到提升。这对于普通人来说，无疑是一个好消息。

2. 环境对认知的影响

家庭和学校打下个人认知的基础。名校毕业的人，相对于没读大学的人，眼界和见识的平均值要高很多。当然，说的是平均值，并不是全部。

人们毕业后加入大公司比小公司要好，因为其完善的管理体系，可以让人从小白开始快速拥有足够的视野和见识。

认知的升级迭代

说迭代之前，先说什么是“反馈”。

反馈又称回馈，是控制论的基本概念，指将系统的输出返回到输入端并以某种方式改变输入，进而影响系统功能的过程。

反馈是学习的关键，也是刻意自觉练习的关键，没有反馈很难坚持。

我们学英语，如果仅仅只是背单词，没有尝试与人交流或写作，因为缺乏有效反馈，大脑无法确定这些单词的有效性。缺乏反馈会导致两个问题，一是没有获得成就感，二是无法刺激大脑回路。

假设你是中国历史上第一个研究黑火药的人，偶然的机会，你发现将硫黄、木炭、硝酸钾混合在一起会发生剧烈燃烧。但是哪种比例可以获得最佳的燃烧效能？怎样提纯硝酸钾？混入其他化学物质能不能加剧反应？

这些问题都需要进行实践，不断修改配比，并观察结果，这就是一个反馈的过程。

在解决现实世界的问题的过程中，当我们通过某种思维方式取得成果，例如运用逆向思维发现一个公司运营中存在的重大问题。成就感会作为大脑的一个正向反馈，鼓励你下一次接着这样做。再例如某件事情失败了，从中获取教训，作为负面反馈输入，这样下一次就能避免重蹈覆辙。这是一种普遍的认知方式。

我们信奉的经验、方法论，对世界的看法、对价值的判断、对人性的把握，都不是永久不变的。而认知升级的不同在于，我

认知升级是个迭代过程

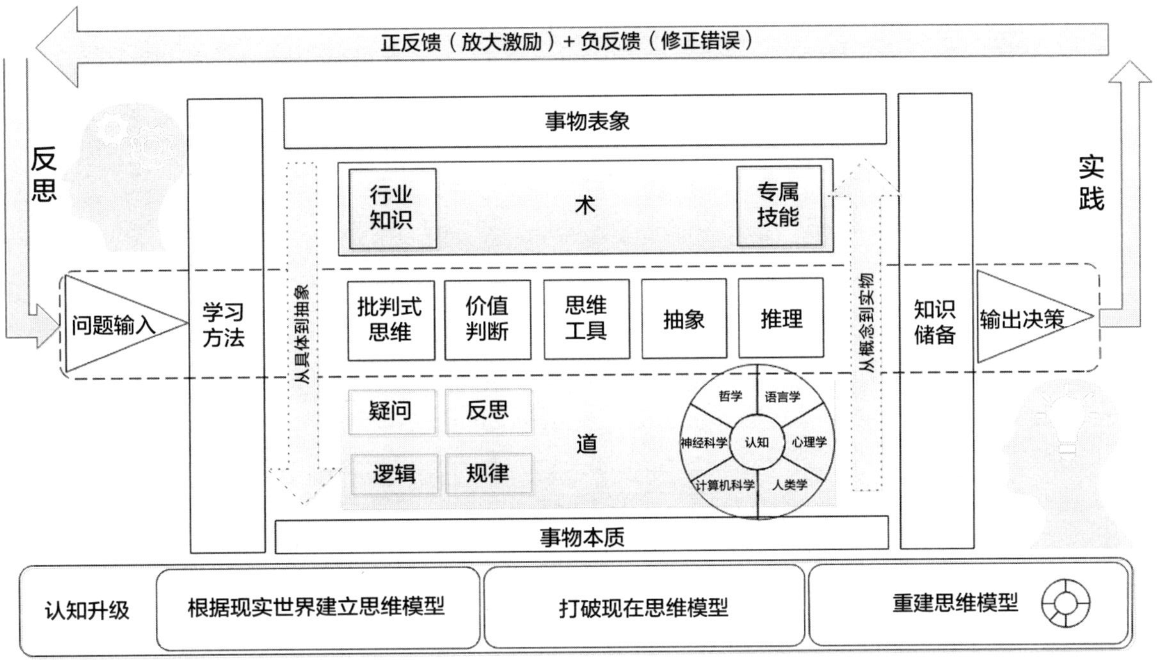
正反馈（放大激励）+负反馈（修正错误）
反思
实践
问题输入
学习
方法
事物表象
行业
知识
术
专属
技能
从具体到抽象
批判式
思维
价值
判断
思维
工具
抽象
推理
从概念到实物
疑问
反思
逻辑
规律
道
哲学
语言学
神经科学
认知
心理学
计算机科学
人类学
事物本质
知识
储备
输出决策
认知升级
根据现实世界建立思维模型
打破现在思维模型
重建思维模型

们知道知识需要更迭，思维方式更需要更迭。为什么许多新鲜事物让我们觉得惊讶，为什么我们很难创新？原因就在于我们舍不得打破过去的思维定式。

我们用某种方法取得成功，不代表可以重复用下去，一招鲜吃遍天在信息时代已经不再有效。从大公司来到小公司，之前用过的策略和方法就需要改变，因为环境和资源都发生了变化。我们从接受教育到工作，逐渐地积累了对世界的认知（解决现实世界问题的模型），当我们遇到阻碍，觉得寸步难行的时候，就应该思考是不是要打破原有思维模型。

思维模型是用简单易懂的图形、符号、结构化语言等表达的人们思考和解决问题形式。这里举个现实中的例子来理解：军棋就是把两军对垒博弈从实际的战争中抽象、简化成一种人与人之间可以模拟的对战游戏。

模型（军棋）= 解决特定问题（模拟军事游戏）+ 现实世界的简化（棋盘）+ 变量的抽象（棋子）+ 规则（玩法）。

只要符合上述四点：目标、简化、抽象、规则，我们就可以称之为一个事物的思维模型。

比如，5W1H 是一种思维模型。

5W1H 就是对工作进行科学地分析，对某一工作在调查研究的基础上，就其工作内容（What）、责任者（Who）、工作岗位（Where）、工作时间（When）、怎样操作（How）以及为何这样做（Why），进行书面描述，并按此描述进行操作，达到完成职务任务的目标。

除此之外，常用的模型还有用于企业竞争优势分析的 SWOT

模型等。

思维模型的好处在于，让人们在面对问题的时候，有一套可视化的模型可以套用，而不必重新思考，有效提高解决问题的效率。坏处在于，世界一直在变，思维模型容易固化，如果不进行更新，反而会成为阻碍，所以我们也需要在适当的时候打破原有的思维模型。

打破思维模型并不是全盘推翻，而是在原有基础上进行更新，以适应环境的需要。

当我们设计互联网产品，或是开发软件系统支撑业务时，如按照传统方式，按部就班地把所有功能设计好，再进行漫长地开发，经过可靠性测试最终交付给用户时，业务环境已经发生了变化，浪费了宝贵的资源和时间。

如果遵循 MVP（最小可用产品）原则，初期按照最小化可用功能来设计、研发，投入市场试错，根据用户反馈来增加新功能，才能快速抢占市场先机。

这样的思想在认知升级上同样适用。**把我们的认知当作一个在大脑中运行的软件来对待，每次试着学习一个新的思维方式，并且运用到实践中，根据反馈的结果来逐步完善，这就是认知升级的迭代过程。**

这个过程也叫螺旋形上升，每一次认知升级都意味着思维层次的提升，包括解决问题的效率、思考的全面性、见识的提升等。

从具体到抽象的认知过程

从具体到抽象的过程，也是我们认识事物本质的过程。

举例来说，天猫的商业模式是 B2C（商家对消费者），平台进行招商，商家入驻平台，消费者在平台上消费、购买产品，商家指定物流公司进行配送，平台为商家提供流量收费，商家赚取商品销售利润，物流公司提供物流服务赚取快递费，消费者获得商品。

传统的线下百货公司，把每个柜台拿出来进行招商，商家入驻，在柜台上放满商品，然后消费者进入商场购物，百货公司收取场地租金，商家赚取商品销售差价，消费者获得商品。把线下的百货商场和天猫进行对比，会发现天猫实际上是“在线的商业地产”。

淘宝是 C2C（个人对个人）模式，平台提供线上交易场所，个人可以开店，消费者进行购买，物流公司配送，平台赚取流量费用。

无论是哪种商业模式，我们可以发现，其中都包含着几个角色（平台、商家、消费者、物流公司），以及交易方式（购买、预售、团购等）。我们可以把相关角色定义为“利益相关者”，把交易方式定义为“交易结构”。

那么对商业模式进行抽象后的本质就是“利益相关者的交易结构”。

当你听说一种新的商业模式，无论看上去多么复杂，只需找出利益相关者及其之间的交易结构，就能很轻易地理解，再做可行性分析，从而判断模式是否成立。

没有人会做没有收益的事情（无论是物质还是精神层面的收益），如果利益相关者中某个角色在这个商业模式中没有任何收益，这样的商业模式就无法成立。

除了保证每个角色都要有收益之外，现实中还要考虑一些其他重要因素是否对这个模式有阻碍，导致无法成立。例如角色获得的收益是否足够多，是否有足够的动力，交易结构是否违背人性等。

前面我们提到过，建立思维模型很重要的一点，是把现实世界进行抽象和简化。现实世界信息量太大，无时无刻不在发生变化。所谓万变不离其宗，抽象和简化的过程，也是消除“噪音”提取关键信息的过程，能够使我们把注意力集中在重要问题上。

重新定义问题

我们每天要面临许多的决策，大到公司的战略方向，小到午饭该吃什么，这些都可以统一称为“问题”。

通常我们遇到某个具体问题的时候，首先会去寻找解决方法，很少有人先思考：“这个问题是真正的问题吗？”

小明问小李：“你有苹果吗？”

小李说：“我没有苹果。”

小明只好饿着肚子。

表面上的问题是“你有苹果吗”，实际上的问题可能是“你有水果吗”或者是“你有吃的吗”。小李实际上有个梨，如果重新定义一下问题，小明说不定就不会挨饿。

有些问题显而易见，有些问题却不像表面那样简单。如何解决贫困的问题，大部分人首先想到的是给予金钱和食物救济，但问题并没有得到根本解决，贫困只是表象，所以真正的问题是，如何帮助建立这个有效的经济体系。本质上是缺乏一个可靠的、能够良性循环的经济体系。所以真正的问题是，如何帮助他们建立一个有效的经济体系。

在某些国家，饥饿可能有两种原因，一是没有足够的食物（经济问题），二是吃不到足够的食物（政治问题）。两种原因有着本质上的区别。

如何重新定义问题，是解决问题的第一个关键。除此之外，还需要合理运用批判性思维、价值判断、思维工具、抽象、推理等。

批判性思维，通俗的说法是不要“人云亦云”。要独立思考，不盲从权威。

价值判断指的是，我们需要判断自己要做的事情的价值，一件事情值不值得做，要看有没有价值，价值判断的标准是能够帮助你实现你的目标，而不是其他。任何事情都有价值，但不一定对你有价值。

思维工具指的是一些帮助解决问题的思维方式，例如逆向思维、交叉思维、观察力等。

抽象是为了发现事物本质，为了更好地理解事物，从而不至于流于表面。有许多事情，80% 的人只看到表面，16% 的人能够看到更深一层，3.2% 的人能够看到再深一层，剩下 0.8% 的人能够看清本质。看到本质，所做的应对方法才能准确，才能快速地进行决策。

推理是由一个或几个已知的判断（前提）推出新判断（结论）的思维形式，有直接推理、间接推理等。

例如“客观规律总是不以人们的意志为转移的，经济规律是客观规律，所以，经济规律是不以人们的意志为转移的”，这段话就是一个推理。其中“客观规律总是不以人们的意志为转移的”“经济规律是客观规律”是两个已知的判断，从这两个判断推出“经济规律是不以人们的意志为转移的”这样一个新的判断。任何一个推理都包含已知判断、新的判断和一定的推理形式。作为推理的已知判断叫前提，根据前提推出新的判断叫结论。前提与结论是理由与推断、原因与结果的关系。

以上几个部分互相之间有关联，成为一个横向的过程，不一定完全按照这个顺序，但是都具备这几个要素，由此构成认知处理。

认知的道与术

思维方式是“道”，做事方法是“术”，不学道而只学术，是用战术上的勤奋来掩盖战略上的懒惰。“道”不常得，“术”却随手可得。万物相通的部分，我们称之为“道”。悟了“道”，宛如古代武林高手修炼了顶尖内功心法，举手投足间，便可杀敌于无形。

道是接近事物本质的规律，老子在《道德经》中说：“道可道，非常道。”这句话抽象到只可意会而不可言传，任何抽象的事物，一旦要进行解读，就会沦为具体，并且不够全面，就像我为了举例“商业模式的本质是利益相关者的交易结构”，举例了B2C模式，但B2C模式并不能代表所有商业模式，只是个案。这也是解读的弊端，利于理解，但容易让读者思维有局限。

学习“道”，可以有选择性地利用哲学的思维方式、逻辑。说具体一些就是，对任何事物都存在好奇心、保持怀疑，并且尝试自己去寻找答案，从表面深入到本质，哲学研究的都是本质问题。

哲学有一些基础的概念，可以帮助自己思考，例如什么是“概念”，如何对一个事物下“定义”，什么是“论证”，该如何“论证”等。也有形式逻辑和非形式逻辑这些思维工具。概念是思维的起点，是构成判断（命题）和论证（推理）的最基本要素，正确地理解和运用概念，是正确思维的必要条件。所以一定要对事物的“概念”进行澄清。

在认知科学领域，有个著名的“认知六边形”理论，即哲学、语言学、人类学、心理学、计算机科学、神经科学交叉在一起成为“认知科学”。

语言和意识关系密切，这也是东西方思维差异的主要原因。语言是一套符号系统，正如数学、物理也有一套符号系统一样，都是利于人类更好地表达。神经科学从生物角度来研究意识和实体的关系，而计算机科学则是人类试图在硅上进行再造大脑的研究，例如人工智能领域的“深度学习”技术，便是神经科学在计算机领域的应用。反过来，计算机科学对于研究认知科学又有帮助。

这给我们的提示是，提升认知需要注意“交叉思维”，在如上六个学科中，适当地学习相关知识，有助于提升认知。

另外别忘记反思。每当我们踩过坑，付出了代价，不能只是懊悔。当我们做得好，取得成绩的时候，也不能稀里糊涂地归结为是运气好从而把事情做成。

如上是关于“道”的简述，接下来说说“术”。

老子说：“有道无术，术尚可求也。有术无道，止于术。”

庄子说：“以道驭术，术必成。离道之术，术必衰。”

老子的意思是，只掌握了道，但是不懂具体的行业、专属技能没有关系，有“道”这个基础，学“术”容易多了。如果只有“术”而没有“道”，那么发展有限，人也容易浮于表面。

庄子的意思是，用“道”来指导“术”，事情就能做成。脱离“道”这个事物规律，“术”也是白费力气，必然失败。

这里所说的术，就是我们如今的各种行业、岗位、专属技能，比如运营、市场、技术、财务、人力资源等。

悟了“道”，就可以不再局限于具体的行业和岗位。这样也可以理解为什么在大公司的管理层中，高管可以不受专业限制地分管某一块业务。例如阿里巴巴集团 CTO、阿里云的创始人王坚是一位心理学博士。

知行合一：实践和反思

实践和反思将整个认知过程变成闭环。

实现闭环，才能不断地进行认知升级迭代。

实践和反思结合在一起，便是知行合一。

我们经常看到“重新定义问题比解决问题更重要”，都认为这是一句有道理的话，但并没有思考自己是如何解决问题的。仅仅停留在认同的层面，那么这句话除了可以作为一项谈资之外，对你并没有更多的帮助。

我们需要进一步的思考，生活中处处都是需要解决的问题，有些问题我们有能力解决，那么我们可以付诸行动。有些问题涉及民生，我们个人的能力有限，也可以用思想实验来思考。

思想实验是指：使用想象力去进行的实验，所做的都是在现实中无法做到（或现实未做到）的实验，比如爱因斯坦有关相对运动的著名思想实验。在爱因斯坦和英费尔德合著的科普读物《物理之演进》中，有一个实验要求读者用一个平滑、无摩擦力的地面及球体进行实验，但这在现实（或目前）是做不到的。思想实验需求的是想象力，而不是感官。爱因斯坦曾说："理论的真理在你的心智中，不在你的眼睛里。"伽利略的实验大多数就是思想实验，历史已经证明他并没有从比萨斜塔上同时扔 2 个铁球来证明亚里士多德的错误。

让我们试着来思考一些问题：

如何解决看病难的问题？

如何解决车辆拥堵的问题？

如何解决肥胖的问题？

如何解决时间不够用的问题？

如何解决怎么打发时间的问题？

……

认知升级的过程，不仅仅是学习的过程，也是思考、实践、输出的过程。

8 个要点助你实现认知迭代

人在职场的升级之路通常是这样的：员工→中层管理→高层管理→掌门人→投资人。

层级	职位级别	行为特征	认知层次
基层员工	专业人员	完成具体任务，解决特定领域问题	停留在事物表面
中层管理	经理	跟进计划，执行计划	解决具体问题
	高级经理	将战术分解为具体任务和计划	掌握一些方法论，有思维模型意识
高层管理	总监	根据战略方向制定战术	重新定义问题，具备某领域的思维模型和框架
	副总裁	制定战略	基于行业的认知，能够发现一些事物规律，具备完整的思维模型和框架
企业掌门人	总经理、总裁	制定企业愿景、战略	基于利益的认知，把握 3–5 年行业趋势，基于事物原点和规律，能看清事情的意义和价值
投资人	董事	判断企业价值	基于社会的认知，从生态角度出发，预判 5–10 年行业未来，建立生态链

投资人需要有足够的能力对行业趋势进行预判，知道未来的方向，从而去发掘有潜力（成功概率高）的公司进行投资。

每一层的认知能力都有不同，层次越高认知能力越强。有的人可以跳跃式上升，有的人仍然卡在某个阶段。那么你在哪个层次？是否有思考过如何改变现状？

下面说说认知升级的几个典型要素。

对自我能力的客观认知

从“我知道自己是对的”升级为“我怎么知道自己是对的”，这是两种思维方式。

“我知道自己是对的”，是大多数人的下意识反应。在做决策的时候，在主观意识层面认定自己是对的，源于自我无条件地信任自己。当一个人能力越强的时候，自信心也相对越强。

从生物进化的角度来看，人类的“不自信”有利于生存。在原始社会里，人要面对各种自然灾害、洪水猛兽的威胁，面对不确定因素的时候，“不自信”恰恰能够让自己立于安全之地。假如看见凶猛的野兽，衡量一下自己能不能打得过，通常说来，低估自己会更安全一些，这便是人类普遍拥有“不自信”的由来。

随着人类步入文明社会，不再需要面对这些威胁，“不自信”反而成为人在成长过程中的羁绊。“不自信”通常和个人能力息息相关，能力包括先天条件和后天拥有的技能。长相属于先天条件，长相如何也会影响到自信心。知识、技能和经验，属于后天拥有的技能。能力更强，自信心也会增强，自信心增强了，成功的几率会变得更高。

我们需要警惕的是盲目自信，一旦自信心与自身能力不能匹配的时候，就容易出现问题。

“我怎么知道自己是对的”，是批判性思维的典型表现。在主观意识做出判断后，先不急着下定论，而是对结论进行怀疑，我一定是对的吗，我如何确定自己是对的？在判断的过程中，我的依据是什么，信息来源是否准确，有没有遗漏？

前者是“快思考”，后者是“慢思考”。快思考是人类在进化过程中适应生存而演化出来的一种能力，表现为看见风吹草动就要跑，可能草里面藏着老虎，在古时候，那些不跑的都被野兽吃掉了。别人和自己的观点不一致，会下意识地反驳。被人冒犯了，会立刻愤怒，进入战斗状态。就好像在智人时代，其他部落的智人闯入你的领地，对你造成威胁。

快思考在人类没有解决基本的安全问题的时候非常有用。但在现代社会，人类的生存、安全问题已经基本解决，面对问题继续使用这种思维方式就会无法适应。

慢思考在现代快节奏的信息时代中则更为有用，多问几个为什么，而不是立刻凭直觉做决定。直觉可能是对的，也可能是错的。用不同的角度思考问题，就能得出更为可靠的结论。当我让自己不要依靠直觉来判断的时候，发现许多事情没有表面上简单，也逐渐学会控制情绪。

不要把解决方法当作是问题本身。一旦遇上问题，不要立刻去寻找解决方法，而是先思考这个问题是不是表面上的问题，是否还存在更深层次的问题。假如一个创业公司在研发新产品的时候，需要抓紧时间完成，但你发现你的员工开始准时下班、不再努力工作，问题不一定是出在员工身上，不妨仔细思考一下，是不是有什么别的因素影响了大家？

跳出思维局限性

理解人类在进化过程中，由于大脑进化跟不上技术爆炸导致的思维局限性。

众多事实表明，环境变化太快，而自然选择（大脑的进化）却没有及时跟上。

现代人类的大脑在20万年前进化，然而，我们的脑容量也在20万年前开始就不再增长。

科幻小说《三体》中提到“技术爆炸”。人类在300年前进入工业革命，在几十年前进入信息革命（第四次工业革命），近几年则到了人工智能时代，这几百年，在人类漫长的发展史上连一瞬间都谈不上。

认知科学家梅西耶和斯珀伯写道：“理性是人类进化而来的一种适应性特征，是为了帮助个人能够适应高度社会化的群体生活。”

人类进化出理性并不是为了解决抽象、逻辑问题，也不是为了帮助我们从杂乱的数据中获取结论，而是解决在群体协作中遇到的一系列问题。如果人类早期要合作的群体都是一群非理性的存在，那么这个群体最终会因内讧而解散。想象一下，每个人都认为自己是最聪明那个，并且非常情绪化，认为别人都是弱智，那么群体在一起商量事情的时候，基本上都是以吵架开始，以群架结束。

如果理性是为了解决抽象问题、逻辑问题，那么人类大脑就不会存在那么多的认知偏差（直觉和偏差），例如“光环效应”“锚定效应”“幸存者偏差”等。

批判性思维

能够独立思考，不人云亦云。

在移动互联网时代，资讯获取的方式从主动获取演变为被动接收。在信息获取上最大的问题不是信息来源不足，而是信息来源太多。随着自媒体的极速发展和内容分发的智能化，人们很容易被信息包围，而这些信息很容易导致人们失去独立思考的能力。

每当出现社会热点事件，就会出现各种观点的文章。一部热映的电影，也会有许多不同的见解。我们要学会从这些社会新闻、热点事件、政策解读中看到信息背后隐藏的价值。

首先是学会质疑。

对方的观点是否有利益关系，基于什么样的出发点和目的？

新闻报道的真实性有多少，背后可能藏着哪些真相？

作者是在什么时代背景下得出的结论？

我们所掌握的信息是不是一面之词？

我认同对方的观点是不是因为对方和我的观点一致？

……

其次是收集信息。

和对方利益冲突的另一方有什么信息？

和作者观点不同的人是怎么说的？

有哪些利益相关者，他们之间的关系是什么样的，如何交易的？

……

接着综合分析。

整个事件中收益最大的是哪一方？

这件事情对我有什么影响？

我需要如何应对？

……

这样就完成了一次独立思考的过程。

知道自己要什么

知道事实和愿望的差距，以及实现愿望（目标）的路径。

我们需要知道自己要什么，如果不知道，就意味着我们没有目标，没有目标的人很容易迷失。今天做这件事情，明天做那件事情，而这些事情实际上没有多少关联性，白白浪费了时间，终将一事无成。

目标是高级认知过程的结果，与相对低级别的动机和更低级别的生理欲望有本质区别。目标的确立需要动用大脑更多的认知资源来进行。

你的目标是什么：

5年之后，你希望自己是什么样？

你还能变得更聪明吗？

……

实现目标的过程中需要注意的原则：

不要关注出色表现，而应该关注成长进步。

成就感是第一自我驱动力。

清楚制定目标的原则。

清楚完不成目标的可能原因。

懂得“是什么”和“为什么”思考方式的区别。

……

“是什么”和“为什么”实际上是具体的思维方式和抽象的思维方式的不同。

假如你要做一件事情：晚上加班 2 小时。

具体的思维方式会这么想（是什么）：晚上要加班 2 小时完成 3000 字的文档。

抽象的思维方式会这么想（为什么）：晚上要做的事情能够提高我的写作水平。

抽象的思维方式是行为的原因，具体的思维方式是行为的表现。相比之下，抽象的思维方式更能够给人以动力。

掌握方法论

找到适合自己的方法论来进行决策。

方法论，就是关于人们认识世界、改造世界的方法的理论。世界观主要解决世界“是什么”的问题，**方法论主要解决“怎么办”的问题。** 方法论是一种以解决问题为目标的理论体系或系统，通常涉及对问题阶段、任务、工具、方法技巧的论述。

简单介绍一个方法论：

WSR 方法论——中国系统科学专家顾基发教授和朱志昌博士于 1994 年在英国 HULL 大学提出，由 3 个词的拼音首字母构成：**物理（W）、事理（S）、人理（R）**。简单说来就是：是什么，怎么做，谁来做。

“物理”指涉及物质运动的机理，它既包括狭义的物理，还包括化学、生物、地理、天文等。通常用自然科学知识回答“物”是什么，如万有引力定律、遗传密码、核能。物理需要的是真实性，研究客观存在。

“事理”指做事的道理，主要解决如何去安排设备、材料、人员。通常用运筹学与管理科学方面的知识来回答“怎样去做”。典型的例子是美国阿波罗计划、核电站的建设和供应链的设计与管理等。

“人理”指做人的道理，通常要用人文与社会科学的知识去回答“应当怎样做”和“最好怎么做”的问题。实际生活中处理任何“事”和“物”都离不开人，而判断这些事和物是否应用得当，也由人来完成，所以系统实践必须充分考虑人的因素。

我们可以借鉴这些方法论，而不是全盘接受。一个方法论越通用，则表明越抽象，就越难以实践操作。所以要结合个人的实际情况来有所借鉴和取舍。

把 WSR 方法论翻译一下，可以把“物理”理解为“知识”，“事理”理解为“工具”，“人理”理解为“人性”。

稍微做个变换，得出一个公式：**方法论 = 知识储备 + 思维工具 + 利益分配。**

假如你要在家里下厨招待几个朋友（解决某个问题），那么你首先要去买菜（知识储备），如果某个菜式是之前没有做过的，那么可能你需要上网找菜谱参考（思维工具），然后讨论朋友们的分工（利益分配）——谁洗菜、切菜、炒菜、洗碗。

具备发现事物本质的能力

理解现实事物规律背后的因果关系，并应对现实。

牛顿发现了万有引力，爱因斯坦发表了相对论，达尔文发表了进化论自然选择学说，这些都是发生在科学领域的伟大事迹。科学家们一直在探索专业领域里的本质。

我们的宇宙有13个常数，可以这样说，我们这个宇宙的属性和行为都可以由这些数字推导出来，改变其中任何一个常数的值，就无法构成我们现在这个宇宙，包括：万有引力常数、光速、绝对零度、哈勃常数、普朗克常数等。宇宙数字是那些跟宇宙的物理法则有关的常数。

普通人没有能力也没有必要去探索科学真理，但是世间还有许多值得我们去思考的问题，比如商业的本质、行业的本质、某项事物的本质。

例如：

商业模式的本质：利益相关者的交易结构。

摄影的本质：摄影师用镜头捕捉某个具备情感的瞬间并传递给观众。

互联网产品的本质：帮助用户节省时间或者帮助用户打发时间。

小说的本质：用文字搭建一个虚拟世界讲故事，让读者沉浸其中。

金融的本质：跨时间的价值转移。

搜索引擎的本质：被动地为浏览者提供相关广告。

社交电商的本质：消费社交关系的信任度。

思考一件事物的本质，可以让我们迅速抓到重点，一眼看穿本质之上的各种伪装。

用进化的角度看世界

任何事情和行为是否有价值，价值的尺度是相对于生存而言的。

达尔文进化论的自然选择学说主要包括：过度繁殖、生存斗争（也叫生存竞争）、遗传和变异、适者生存。强调的不是进化，而是适应。**只有适应周围环境变化的生物，才能存活下来。**

如果你选定一个目标，那么所有的事情应该围绕这个目标来判断是否有价值。

我们的焦虑来源于不知所从，要做的事情很多，每个都很重要，但是我们忘记了初衷是什么。我们有方向，但在过程中，却把方向丢在一边。目标仿佛在确定下来的那一刻，就被我们抛在脑后。

举例来说，假设我们的目标是 3 年内从高级经理升职到总监。但在生活和过程中，我们有许多事情都想做：

学习提升认知能力的方法论，并进行实践。

定期阅读，保证知识储备。

知识付费很多课程都觉得挺好，想学习但是时间有限。

最近上映了一些大片，我也很想去看，不然我会和周围的人脱节。

朋友辞职了，要去土耳其和巴黎旅行，我也想看看世界。

……

每件事都看上去很有价值，正因为如此，我们变得难以选择，从而变得焦虑，因为我们没有一个标准来判断一件事情的价值。这个标准就是我们的目标，我们的愿望。

回到目标上来，既然是要职位升迁，就应该选择前面两条。如果你的目标是游玩世界和娱乐自己，那么选最后两条。

在企业中，我们判断事情的价值都应该从能否为企业盈利出发。

在生活中，我们判断事情的价值应该从能否促进完成个人目标出发。

实现认知迭代

知识储备与持续学习。

前文说过，如果把一个人和计算机相类比，那么人类的大脑皮层类似于计算机的硬件，而认知能力相当于计算机的程序。

认知能力（程序）= 学习方法 + 知识储备（数据）+ 思维方式（算法）。

无论是持续学习还是终身学习，和程序保持更新升级是一样的效果，都是为了不断提升人类大脑的处理能力。

通常说来，人们可能只具备了某些要素，在某些要素里具备一定的层次。这些要素会相互影响，认知升级的过程就是对要素的掌握和运用的熟练程度升级。

并不存在一个明确的标准来说明什么层级有什么标准，建议从以上 8 个要素中选择一个开始深入思考、实践。

用思考进化原始大脑

提升自我可以理解为提升自我的认知能力，反省智力对提高认知能力尤为重要。

可学习智力的公式

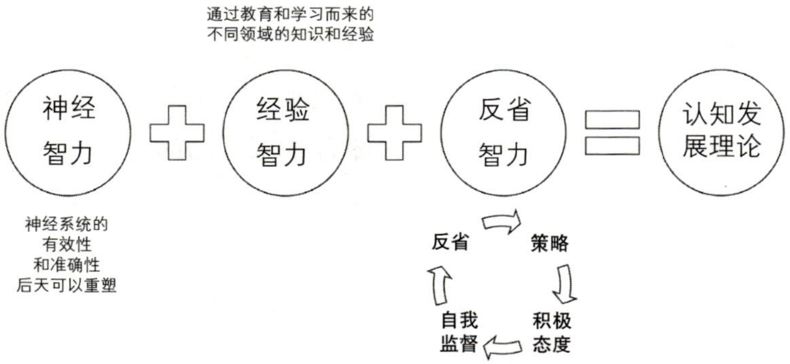

美国哈佛大学心理学家帕金斯提出了一种认知发展理论，指出智力主要由 3 个维度构成。一是**神经智力**，指神经系统的有效性和准确性，先天成分很高，但是通过不断地训练也能重塑；二是指**经验智力**，指个人积累的不同领域的知识和经验，这属于后天因素；三是**反省智力**，指解决问题和完成挑战智力任务的策略（计策、谋略）。

反省智力用 4 个关键来理解。第一个是**策略**，也就是你的做事方法和思维方式。有的人智商挺高，但没能成大事，就是缺了一些高层次的策略。第二个是**积极态度**，人生总会遇到挫折，一定要有积极的态度，能够抗压。第三个是**自我监控和管理**。每个人都有一定水平的神经智力和经验智力，你要了解自己，知道自己的状态，才能更好地调用这些智力资源。第四个是**反省**，遇到问题首先从自己身上找问题，然后再去找别人或者外部的问题。反省最大的敌人是我们没有意识到我们可能是错的。互联网一些意见领袖喜欢说："我所说的都是错的。"实际上是在提醒自己："我有可能不正确。"同时也在提醒听众，要保持批判性思维。

策略也可以称为实现目标的方案集合。就像我们开车去某个陌生的地方，但是不知道应该怎么走，可以用导航软件来规划路线，输入目的地之后，软件通常会给出三个选择：时间最短、费用最少、路程最短。我们还可以补充一些选项让导航给出的建议更加贴近我们的需要，例如"躲避拥堵""高速优先""少收费""不走高速"等。

如果我们赶时间，不在乎费用和路程，那么优选时间最短方案。这是根据自己当时的场景来做的决策。同样，在我们的工作中，也有很多需要策略的时候。

积极态度对应的是消极态度，消极态度面对困难和挑战时通常会让人选择放弃或者退缩，而积极态度能够让人迎难而上。顺境能让人安逸，但无法让人成长和提升。那些成功的人和普通的人最大的区别可能在于面对困境时的积极态度。只有积极的时候，才会去寻找问题的解决办法。

我们来对比一下，消极者面对问题的时候，心里想的是："这么难，我怎么可能做得到，算了。"而积极者面对问题的时候，心里想的是："这个世界上哪里有解决不了的问题。要不要重新审视一下这个问题呢？"两种心态，哪一种更好，高下立分。

自我监控和管理是中国古代的"君子慎独"的延伸。慎独的意思是当一个人独处的时候，也要注意自己的行为举止，能够克制自己的私欲。不自律的人说要去学习，但是回到家里，还是忍不住拿出手机来刷朋友圈、玩游戏。所以，在没有人监督的情况下，也要能保持高度的自觉。

中国古代哲学大家王阳明的心学路径是这样的："立志—慎独—意诚—知行合一—良知"，翻译过来就是"明确目标—自我监督和管理—理论和实践相结合—价值观升级"。

当我们在学习的时候，忍不住想拿起手机玩一下之前，我们应该反思，为什么会想玩手机，是因为信息焦虑还是因为害怕孤独，是因为学习很枯燥，或者是其他什么原因？

只有找到产生私欲的根源，才能有效解决问题，而不是强迫自己学习。假如是因为信息焦虑，那么我们可以提醒自己，学习本身就是为了解决信息焦虑，如果学习很枯燥，我们可以试着从学习中寻找乐趣。学习是一件难以获得短期利益的行为，我们可以试着去想象长期利益——从学习中获得的成长以及对未来的帮助。

找别人的问题很容易，找自身的问题很难，但如果不去找，就失去了一次让自己成长的机会。

心理学家帕金斯提出的可学习智力理论，用公式来表示就是：**可学习智力＝（神经智力＋经验智力）× 反省智力**。在公式里神经智力和经验智力之间用的是加号，说明这两种智力是相对平等的。反省智力是乘法，相当于放大器。因为反省智力可以统筹调配前面两个智力资源，所以非常重要。

为什么我们不喜欢承认错误

儿童在遇到责问的时候大多会选择撒谎，因为主动承认错误会挨大人的板子，那么为了避免挨打，就否认以保护自己。成年后在社会上遇到问责的时候，第一反应就是启动防御机制，从别人身上、外部找原因。这无可厚非，保护自己免于责骂。即使事实上别人或者外部真的有问题，也要学会从自身找原因，才不会错过一次自我成长的机会。为什么要先从自身寻找问题？因为人无完人，既然不是完人，那么就有可以改进的地方。从别人身上找问题容易，从自身找问题难，一旦习惯先从自身找问题再从外部找原因，就能逐渐成长。

害怕从自己身上找问题，首先是因为**面子问题**（自尊心受损，人有自尊的需要），害怕损害自己在他人心目中的印象，也就是面子，这在国人心目中占据了重要的位置。二来是**害怕因为认错导致的代价**，比如工作中主动认错，可能导致受到处罚，可能会被领导认为能力不足，进而影响到升职加薪。

这是东西方文化的差异，西方文化认为人人都有原罪，所以人人都有过错，没有什么大不了的，认错就好，大家也不会因此低看你。而东方文化讲究做人不能有错，有错的人会被看不起，被排挤，被归类，被歧视。

从更深层次来说，有个心理学名词“**自我同一性**”，心理学家们是这样定义的：自我同一性是指个体将自身动力、能力、信仰和历史进行组织，纳入一个连贯一致的自我形象中。它包括对各种选择和最后决定的深思熟虑，特别是关于工作、价值观、意识形态和承诺等方面的内容。

个体对自我形象有一定的认知，一旦认错，就会破坏同一性。举例说，我认为我在工作中某些方面的能力很强，但是一旦出现错误，遭到质疑之后，想象中的自我和实际的自我就起了冲突，这会让人感到很难受，所以不认错是一种自我保护（潜意识会非常关注行为的一致性，从而维护自己的正面形象）。

现代人类的原始大脑

在进化过程中，许多机制在历史时期是有效的，比如喜欢吃高脂肪、高热量的食物，是为了抵抗饥荒，贪生怕死是为了让基因能够传播下去。

时代发展、科技进步之后，世界保持长时间和平，粮食充裕，医学科技发展到能保障人类活到正常老去，饥荒和战争以及疾病在大部分地区都不再是威胁，这些机制逐渐制约人类发展，成为人类进化的羁绊。

所以同一性，在现代就成为人类提高自身认知的绊脚石。适当地打破同一性，重新审视自我，发现盲区，完善自我。能够真正地认识自我，而不是一味美化想象中的自己，才能有效地提高认知。

认知能力达到至高境界的人，都是圣人，比如孔夫子。认知能力很高的人就像站在世界顶端，世界本质了然于胸，达到智慧的至高境界。

哲学是科学的科学。哲人的认知境界很高，以研究万物本质为目标，思考万物的起源，探索万物的认知方法论。圣人和哲人统称为圣哲。

想要少干活就要多思考

不要用战术上的勤奋掩盖战略上的懒惰。不动脑，就要经常动手，别抱怨为什么自己工作如此勤奋却出不了成绩，别吐槽自己每天做打杂一样的事情，因为大部分人都不愿意深层次思考。

有的人只是比你多想一步，就能把事情做得比你好很多，在工作中脱颖而出，深得上司信任，渐渐得到提拔。思考层次越高的人，需要亲自动手做的事情就越少，思考层次越低的人，需要亲自动手做的事情就越多。

不做思考者，就做执行者。思考这个词太空泛，说具体些，要思考事物的本质。例如开一家公司的本质是要赚钱，在创业初期，不能给公司带来收入的事情不要去做，生存是创业公司最重要的事情。设计一个商业模式，本质是利益相关者在其中能收获多少利益。模式中的角色如果没有任何利益，便不可能表现出预期的行为特征，那么这个商业模式就无法成立。

看下属能力如何，本质就是看这个人做事情的结果如何。如果做几件不同的事情，结果都不好，即使这人从早摸到黑地工作，过程再辛苦，也不能因为同情而给予理解和包容。所以上级只看结果，不看过程。不要怪现实残酷，如果事情的结果不好，公司最后倒闭，所有员工都要努力找工作。

一年 365 天，如果每天都是重复做一样的事情，不去思考如何做得更好，过 365 天和只过一天有什么本质区别？

有区别，时间消逝了，但能力和经验没有对应增长。

当一个领导者发现团队成员工作没有做好的时候，首先要想想是不是自己管理上有盲区，不能把问题都推责到下属身上。

每天工作结束之后，多问自己几个问题，今天做了些什么事情，哪些事情是最有价值的，有没有更好的解决方法，怎样才能做得更好。长此以往，慢慢地就能不断提升自己。

如果你每一天都忙碌，比谁都兢兢业业，到了年底领导还给你差评，你就要好好想想，你每天都在干些啥事情，**这些事情是不是真的有价值，有没有识别出哪些事情有价值，最关键的那个点找到没有，它在哪里。**

认知现实的 3 项重要能力

什么是“认知现实”能力?

认知能力，在武侠世界里，相当于内功心法，而技法技能，则相当于武功招式。要想成为“会当凌绝顶”天下无敌的武林高手，就要内功深厚，当内功深厚的时候，技法技能的重要性反而没有那么高，此时无招胜有招。认知能力达到顶峰，就能开宗立派。

认知现实能力 =（见微知著 + 抽象 + 逻辑演绎）能力 × 有效知识储备量。

见微知著能力

指通过细小的变化，预见到将来的趋势。延伸出来的意思是能从一些微小的问题发现更大的问题（这就是工作中常听到的“风险意识”）。例如工作中，上级能从下级的工作汇报中发现潜在问题和风险。因为大多数人看问题只看到表面，没有深入思考事件的潜在变化和影响。

举例来说，一家创业公司需要给投资人讲解商业模式，PPT 中会包含文字说明和数字表格，投资人在看这一类 PPT 的时候，会特别关注其中包含数字的表格，数据表格背后隐藏的是业务发展的逻辑和规律，一旦发现其中的某些数字有异样，除非特别备注原因，就会给投资人带来不好的印象（认为这家公司做事不严谨或者有造假嫌疑），可能会给整个 PPT 的可靠性打上问号。

如何提高见微知著能力？**首先要有知识储备，**没有人天生就通晓一切。学习历史，不要把注意力集中在那些故事上，要通过历史的变迁发现规律。学习行业知识，对行业的特征能够了然于心。没有知识的输入和生活的经验就谈不上观察。

知识储备用来不断地延伸自己的知识边界。需要注意，在互联网海量信息面前，首先要明确自己的知识结构，然后再用知识储备来填充知识结构。在这个过程中，我们需要考虑知识的三个维度（深度、横向相关性、纵向的联系性），知识的深度尤为重要，这决定了你所拥有的知识边界。

进行知识储备的过程中，如果面对海量知识有一种信息焦虑症，觉得要学的知识太多了，这说明我们还没有具备可靠的知识筛选机制，也说明我们的认知层次还有待提高。

知识筛选机制的作用顾名思义，用一套符合你的实际需要的筛选标准来过滤不需要的知识。例如知识的可靠性、时效性、个人匹配度等。可靠性指知识是否有可靠来源，可信度有多少。时效性指知识是否过于陈旧，有没有更新换代。个人匹配度指知识与个人的目标是否匹配，是否有利于目标的达成。

其次要会观察，观察是信息输入的基础，如果不有意识地进行观察，我们的大脑就会选择性忽略掉很多信息。有句成语叫作熟视无睹，意思是经常忽视看见的事物，视网膜已经成像了，我们虽然“看见”了事物，但是大脑内部没有“看见”，大脑自动过滤了经常看见的事物。

这也是大脑保护机制在起作用，类似于文件压缩的作用。但和计算机的压缩技术相比，大脑的压缩技术是刻意地有损压缩，也就是压缩速度最高、所占空间最小的压缩算法。这样我们就可以不用存储大量雷同相似的场景和事物，让大脑去存储更多新鲜的信息。

最后是推理，推理是思维形式的一种，从几个已知的判断推导出新的判断。

举例来说，如果作为一个 Leader，发现有部分员工积极性下降并且经常请假时，就要及时去了解情况，防微杜渐，判断是不是工作安排不合理，或者做了没有产生价值的工作任务，是个人的原因还是工作的原因，如果是在每年的三月四月份跳槽高峰期就要注意核心员工的心理动向。就拿加薪这件事来说，一定要提前做好判断，等到员工因为薪酬的原因提出离职的时候再谈加薪就为时已晚。

作为电商运营部门，当数据指标下降的时候，例如交易额下降，就要尽快分析原因，是因为新上的系统功能用户体验不好还是因为选择的商品不好？如果是商品不好，用户没有兴趣，那么就要去找商品运营人员的问题。

作为企业的决策者，当发现行业出现新型的破坏性小公司的时候，就要开始留意，很多大公司都是因为保护原有产品线的利润以及对小公司的轻视，逐渐开始走入下坡路甚至关门。当年诺基亚在功能机上大获成功，忽视了智能手机。而微软稳坐 PC 的头号交椅，却错失了移动互联网的先机。柯达为了保住自己胶片的高额利润，作为数码相机的发明者，拱手让出了数码时代。小型机之王 DEC，当自己的部门有人研发出个人电脑的时候，为了保住原有小型机的高额利润，也没有发现个人电脑的潜力，因而错过了个人电脑的时代，最后不得不被后来居上的康柏公司收购。

要先观察，然后提炼特征，最后到大脑中的历史知识库中匹配（推理是匹配过程的工具和方法），从而得出结论。

抽象能力

抽象能力指人类对于概念的处理能力。抽象的目的在于将复杂的事物简单化，将复杂的问题拆解为一个个较为简单的问题。人的大脑无法处理复杂的问题，所以需要把复杂的问题抽象出问题的特征，再去大脑中的历史经验库匹配解决问题的方法。

抽象层次越高，越接近世界本源，越接近第一性原理，也就是事物的本质。

抽象出来的概念必然是普适的。普适的意思是通用，在抽象的过程中不断抛弃细枝末节。层次越高越宏观，颗粒度越大。**抽象的层次越高，越无法直接运用，**因为损失了很多信息，这是抽象的代价。也因为缺少信息，所以抽象的概念很难被人们理解。猫、狗、虎都是哺乳动物，这是第一层抽象，通过哺乳的行为特征进行了抽象，再往上则是有脊椎动物，最上一层则是动物这个概念。

在军事概念中，战术是低层次概念，是从战斗中找到规律和方法，决定如何排兵布阵，后勤怎么配合，以及行军计划等，是可以用来直接运用的，可以直接执行。而战略则是全局性、高层次的重大问题的筹划和指导，在军事上是筹划和指导战争全局的方略，比如是进攻战略还是防守战略。战略确定后，通过司令逐渐往下层军官分解，直到确定战术。如果你和士兵在战争中，直接下命令，告诉他一个抽象的笼统的没有明确步骤的战略概念，士兵肯定一头雾水，无法执行。

最底层的则是专业技术，比如士兵的射击能力、侦察能力、狙击能力、排雷能力。战略指导战术，战术应用技术。

以动物的概念举例。

提高抽象能力，可以通过使用一套用于表意的符号方法工具（例如逻辑学）来表达概念。掌握逻辑学就等同于掌握了一套思维工具，然后再不断运用强化，能力自然就提高了。

有人会说，我没有学过逻辑学，为什么我也有抽象能力。事实上，我们学习的知识里或多或少都有逻辑的影子。

逻辑演绎能力

夏洛克·福尔摩斯被人津津乐道的是他推崇的基本演绎法，但福尔摩斯用的并不是演绎法或演绎推理，而是溯因推理，和其相关的还有演绎推理和归纳推理。演绎推理类似于化繁为简，通过几个现象，观察，排除不可能的情况，得到最有可能的解释。归纳推理是通过既得的线索和现象进行整理，在梳理好线索后得出结论。

溯因推理的特点就在于结合了演绎推理和归纳推理。夏洛克的溯因推理相当于时而化繁为简，时而以小见大。夏洛克常用的手法有排除法、回溯法、可能性比较法、科学地应用想象力等。

排除法：利用这种淘汰一切不合理的假设的办法，得到结论，因为其他任何假设都不可能和这些事实吻合。《血字的研究》里，夏洛克说："当你把绝不可能的因素都除去以后，不管剩下的是什么——不管是多么难以相信的事——那就是实情。"排除法的前提是要会运用假设。

回溯法：类似于笛卡尔分析法，假设一个问题要被解决，我们去找出解决它的条件，并将它们化解成一些更加简单的适于解决的条件。笛卡儿是这样解释的："把每一个困难的条件尽可能地划分成若干最佳的最可能解决的。"在数学上经常需要用到这种分析法。

可能性比较法：指的是比较各种可能性，并将其中与实际最相接近的选择出来。

综上所述，夏洛克在探案中首先运用假设法，把最符合结果的几种可能假设出来，再逐步回溯，直至接近现场或是接近手头的原始信息、资料。而这几种可能性，要符合逻辑，最后再把不符合逻辑的可能给排除掉。

日常生活中通过观察人的一些细节，可以猜测推理这人的职业是什么，观察对象手中拿的东西，以及所在地点和时间，能够得出一些结论。马伯庸曾说过，他坐地铁时最喜欢做的事情，就是观察地铁上的每个人，根据人的外表、穿着、背包、动作等可以观察到的信息，去判断这个人的职业、生活习惯、年龄、收入层级、工作性质、兴趣爱好，然后再想象这个人的生活是怎么样的，会有什么样的故事。你看，坐地铁都这么有意思，同理坐公交或者其他公共交通工具也可以这样，你若开车，就失去了这些乐趣。

顺便说说逻辑学，普通人不学逻辑学，也可以过得不错。但如果学好了逻辑学，能够明白一些逻辑概念，在工作中和生活中就能不自觉地应用，可以判断一个人是说真话还是假话，是合理还是不合理，有没有漏洞，有没有问题。这些能够帮助你更好地做决策以及解决问题。人每天做的不就是决策、解决问题吗？

成就感是快速成长的核心驱动力

什么是成就感

成就感是愿望与现实达到平衡产生的一种心理感受。换言之，是指一个人在实现了目标、达成了愿望之后的心理感受。一个人的愿望和现实差距太大，就会没有成就感，也失去了内在动力，还会带来负面情绪，例如沮丧、焦虑和放弃。

这种百科全书的定义，我认为还有待深入探讨。对于大多数人来说，愿望泛指心中期望实现的想法，多指美好的想法，它对某一特定物或情感的欲望、向往或强烈倾向性。假设我的愿望是在一年内拥有一辆最新款的特斯拉，现实是我只有一辆长安奔奔，虽然和奔驰只一字之差，实际上却是天差地别。但是突然有个好心人送了我一辆最新款的特斯拉，我能拥有成就感吗？并不能。

所以我对成就感的定义修正为——**通过自身努力实现有一定难度的愿望并且与现实达到平衡产生的一种心理感受。**

这个愿望不能是遥不可及，也不能太过容易，需要具备一些难度。

拿摄影来说，摄影是我的业余爱好，花费了累计有 3 年的时间，从初学者达到了职业风光摄影师的水平。我没有上过任何培训班，没有请教过任何一位摄影大师，没有在学校里学过和任何艺术相关的课程。下面说说成就感在学习摄影中的贡献。

很少有人问我怎样学摄影，问得最多的是买什么相机才好。对于这样的问题，我的答案是，在不影响你的生活质量的情况下，力所能及买你买得起的最好的机身和镜头。为什么呢，因为这样如果你都拍不好就不好意思怪自己的相机不好了，才能真正专注摄影，提高自己，而不是整天想着换更好的器材。

我还想说，你为什么不问我如何用手机拍出一张好照片，如果用手机都拍不好，单反也不一定拍得好。手机拍不了远方，那就拍近一点的。手机没有虚化，就拍那些不需要虚化的，要知道，虚化的目的是为了使背景简单，突出主体。就用手机拍那些背景简单，用构图、光线、色彩来弥补手机硬件的不足。

手机拍出好照片很难因为需要通过自身努力。单反的中长焦虚化背景功能很容易让初学者有成就感，不过这种成就感不是靠自己的努力获得，不是真实的成就感。如果用手机都能拍出好照片，才是持久的成就感。

所以，成就感是需要通过自身的努力，完成有一定难度的任务之后才能获得的心理感受。

普通人拿着倚天剑，打赢了手持木剑的对手，显然不是自己的能力。但如果拿着木剑都能打赢有倚天剑的对手，就不一样了。所以，武侠小说里江湖中的高手摘花飞叶皆可伤人，已经不受手中武器的限制。由此可见，一个人在大公司里，手里有公司资源，背后有公司品牌背书，做什么事情都好做。但如果脱离大公司以后呢，就完全要靠个人本事了，这里引申出一个道理，人要对自己的能力有正确的认知。

假如你需要完成的这件事情大多数人都能完成，显然这是一件没有多少难度的事情。这其中所指的大多数人的比例在 80% 以上，而你要让自己成为 10% 以内的少数人之中的一员。从正态分布上来说，处于中间状态的比例在 80%，剩下的 20% 分别列于头部和尾部，也有可能更少。

自我驱动最重要

我在带团队的时候，曾经思考过该如何有效激励团队。物质激励不长久，效果也不如精神激励。**外在激励不如内在激励——自我驱动**。要做到自我驱动，首要的是让人获得成就感。

对于程序员来说，自己写的代码能够影响成百上千甚至上亿的人，为人类带来科技的便利，改变人类的生活方式，就会很有成就感。对于团队中的技术人员，我常做的一件事情就是让大家能够意识到，他们的工作成果可以影响上千万的用户，每一个产品细节的优化都能让用户觉得开心。这样团队中每一个成员都会发自内心地认真工作，主动思考如何将产品做得更好。

我写的第一个完整的程序是一个游戏，在街机流行的时代，写了个“大家来找茬”，在一个屏幕上有两张看上去差不多的图片，要在规定的时间里找出 5 个不同的地方。担心因为游戏关卡太少影响玩家体验，又写了一个关卡编辑器，自己做了 100 关。我把它送给所有的朋友，朋友们赞誉有加，因为不用花钱就可以玩单机游戏，那时感觉很有成就感，由此更加激发了我深入钻研软件开发的兴趣。

追求极致，付出努力

无论是拍摄人像、风景、还是商业产品，当做到职业水平的时候，就可以获得更多的成就感，**但不是所有的事情都可以做到职业水平，例如运动员。**

我花了 3 个月的时间，把图书馆所有关于商业摄影的书籍都读了一遍。馆藏的许多商业产品摄影书籍还停留在胶片时代，而国外的商业摄影书籍大多是介绍商业人像摄影。为了学习顶尖的商业产品摄影，我还要在国外的网站啃着那些国外商业摄影大师的英文教材，我愿意付出这么多的精力和时间来学习摄影知识和理论，是因为摄影水平的提高能够给我带来成就感。

人们认为要有兴趣才能把事情做好，但兴趣是把事情做好的充分不必要条件。**成就感是把事情做好的充分必要条件。**

选择正确的事情，再正确地做事

做正确的事情和做容易的事情，大部分人都选择后者，人的天性如此，无可厚非。但容易的事情往往不是正确的事情。

如果想要获得成就感，需要选择前者。

做正确的事会有难度，需要付出努力。但是如果你只选择去做容易的事，又怎么可能会有成就感呢?

如何打破认知天花板

没人会否认知识的重要性，读过许多书，上过很多课，很努力很上进，但在现实中面对复杂问题时依然一筹莫展。

问题究竟出在哪里？我们可能还没意识到，并非我们不够勤奋，而是我们的勤奋一直停留在战术层面，对于战略上的懒惰却毫不自知。

人与人之间的差距

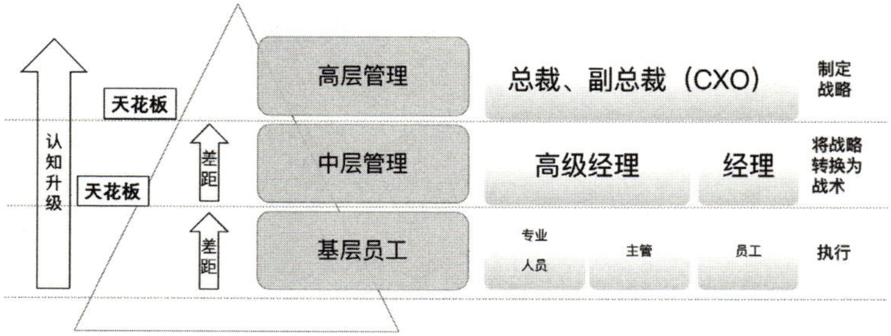

我在刚参加工作的那些年，发现了一个现象，公司的 Boss 及其他高管，无论多复杂的问题在他们那都能迎刃而解，难道这些人真是天生如此聪明吗？

我工作几年之后进入一家大企业，经常能看到人事任命邮件，把CFO（首席财务官）任命为某事业部CEO（首席执行官），又或者把CMO（首席市场官）任命为COO（首席运营官），按照我们通常的理解，CFO不是擅长公司财务吗，CMO不是擅长市场吗，为什么这些高管可以突破岗位及行业的限制，什么岗位都可以做？

从高级经理到总监，岗位的通用性并不高，从总监到副总裁，虽然只有一级，但中间可能隔着一道难以跨越的鸿沟。并不是因为工作久了，随着年限增长而自然升级。量变到质变的规律在这里可能会失效，这也是俗称的“天花板”，也叫作“彼得效应”。

如果有一天，和你一起进入公司的同事比你晋升快，一年不到就做了你的上级，你有没有想过为什么晋升的人不是你，即使你很努力地工作。

我相信你的朋友里一定有那么一些学东西很快，做什么仿佛都比较厉害的人，他们真的比你要更聪明吗？不见得，他们一定是发现了某些精进之道。

这些在行为和结果上反映出来的差别，体现了人的认知能力和水平高低。

认知能力也有很多别的名词，例如“格局”“境界”，等等。

什么是认知

认知是人类认识事物的过程，对外界事物进行信息加工的过程。

听觉、嗅觉、味觉、触觉、视觉，是人类生理上的信息输入，而认知则是大脑对输入进行加工后的高级处理。研究认知的科学被称为认知科学。

哲学的三大基本问题，我从哪里来，要到哪里去，我是谁。对应到科学研究的基本大问题，生命是如何产生的（生物学），万物是如何产生的（物理学、化学），智能是如何产生的（神经科学、认知科学）。

如何提高认知层次

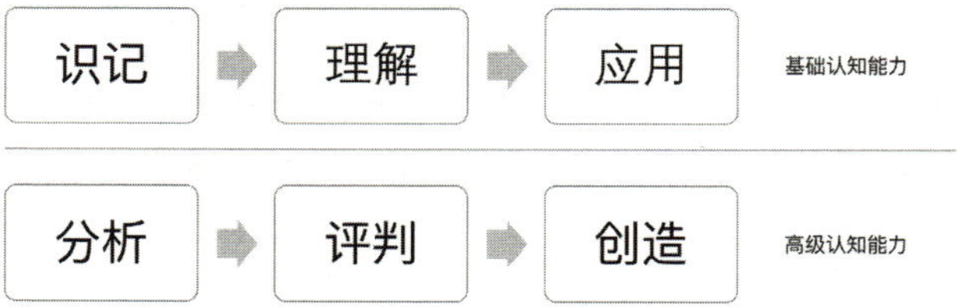

认知层次的定义，分为低级认知能力和高级认知能力。

低级认知能力：识记，理解，应用。识记：能背出公式。理解：懂得 3+3=6 这个等式代表什么。应用：能够用掌握的公式解题。从书本上阅读到知识，如果应用低级思维能力只要记住就可以，在合适的时候能够运用知识。

高级认知能力：分析，评判，创造。分析是一种复杂的思维活动。把一些凌乱的知识点进行总结，归纳，综合，找出其中的共性，找出联系，建立一个框架。抓主线就是一种分析能力。

但评判能力不同。评判是一种独立思考能力，也是批判性思考的核心内容。要求你对书本知识进行独立思考。判断出其合理之处与不合理之处，然后有理有据地提出自己的观点。评判也包括自我评判，就是说对自己的学习方法和为人处世不断进行反思。评判的高级形式是思辨，是多元思考。

创造是最高层次的思维能力。创造也可以称为发明创造，顾名思义就是发现、发明出一种新的东西。

那么怎样才能提高认知层次？答案是不断练习高级认知能力并逐渐强化到成为你的一种本能。

你会运用如下思维方式吗

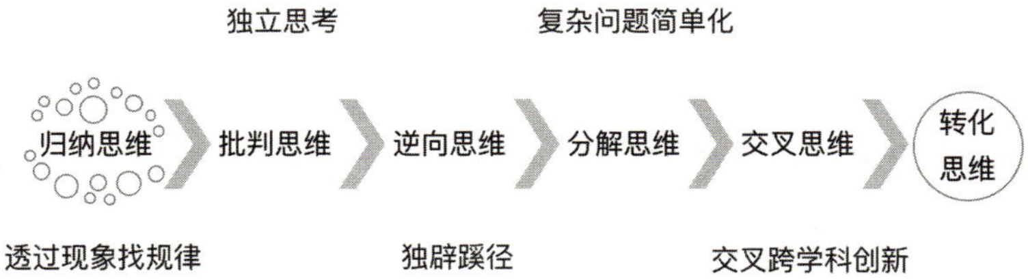

归纳思维：从一个个具体的事例中，推导出它们的一般规律和共通结论的思维。

回忆一下，你有多久没有对自己的工作进行总结了？有多少次阅读，看完就完事？听过那么多事情，是否有去探寻事件背后的原因？

在一个被动接受资讯的时代，每一个热点事件，我们都可以看见许多有洞见的思维和评判，我们乐此不疲地看着各种公众号的文章，却从来没有思考事件为什么会发生，背后隐藏着什么。自媒体的繁荣，和人工智能结合的资讯推荐让我们逐渐失去了思考的能力。

归纳思维的缺乏，会让我们一年工作365天，只有量的积累，没有质的变化。

批判思维：一面品评和批判自己的想法或假说，一面进行思考。在解决问题的时候，历来都强调批判思维。批判思维包括独立自主、自信、思考、不迷信权威、头脑开放、尊重他人等六大要素。

起源于农耕文明的国家人民，更容易盲从权威，比较缺乏独立思考能力。这和农耕文明的自给自足有一定关系，和海洋文明相比，农耕文明更为保守，难以创新。农耕文明靠天吃饭，对于权威的依赖性更大。

现代教育仍然缺乏独立思考的精神，为了标准化输出，提高教学效率，提倡标准答案，这给学生时代的成长打上了一个难以改变的烙印。标准答案容易限制人的思维，实际上万事万物时时刻刻都在变化，过去的标准答案换了环境，就不一定继续成立。

逆向思维：从反面想，看看结果是什么。

我们都习惯于正向思维，从开始推导到结束，以正常的发展趋势来做预测。正向思维模式容易遗漏风险和不可知因素。正向思维是一种常规的思维方法，当你想到一个方法的时候，他人也能够想到。

而逆向思维属于非常规思维，可以有效弥补正向思维的弊端。

举例来说，我们要完成一个任务，通常的思维模式，会把所有的任务都罗列出来，导致事无巨细，主次不分，任务的完成情况难以保证。如果采用逆向思维，我们在做一件事情时，把所有可能影响这项任务完成的困难和失败的因素列出来，然后针对这些因素制定对策，成功率就能增加许多。

分解思维：把一个问题分解成各个部分，从每个部分及其相互关系中去寻找答案。分解思维能够将复杂问题简单化。

推理思维：通过判断、推理去解答问题，也是一种逻辑思维。先要对一个事物进行分析、判断，得出结论再以此类推。

交叉思维：从一头寻找答案，在一定的点暂时停顿，再从另一头找答案，也在这点上停顿，两头交叉汇合沟通思路，找出正确的答案。在解决较为复杂的问题时经常要用到这种思维，如“围魏救赵”。

交叉思维对应的实例是“跨学科”，应用在许多创新上。

转化思维：在解决问题的过程中遇到障碍时，把问题由一种形式转换成另一种形式，使问题变得更简单、更清晰。

同样一件事，如果表达方式稍微换一下，就能有完全不同的效果。举个例子，作为一个用户，当你和程序员说：“你这代码有 bug 吧？”他会想：“你是不是不会用啊？”但是如果说：“这个程序执行结果好像不太对，是不是我的用法有问题？”他就会想：“这里是不是有 bug 啊？”

以上思维模式在后续文章里有详细介绍。

本书的内容偏重思维能力提升，如果只是阅读，没有深入思考和实践，仅仅知道这些知识，并不能让你的生活变得更好，必须经常有意识地重复练习，才能潜移默化地改变自己，突破自己。

这个世界上如果有一种魔法，可以让人变得更智慧，那该多好。可惜这就像希望世界和平一样，是几乎没有可能的事情。

我们来到这个世界上，就要做好一切都要靠自己努力的准备。没有不劳而获的方法，一夜暴富的点子都写在刑法里。也没有任何教程学了之后就能立刻拥有某项能力，前人的经验和知识，是灯塔，能够给我们以指引，让我们明白努力的方向在哪里。

所以你需要**运用并且开始实践提升自己的认知能力，从任何一件需要你进行决策的小事情开始。**要想着时间是这个宇宙中最强大的主宰，当我们不再注重眼前的利益，而着眼于跨度更长的一段时间，你就会发现生活和工作正在逐渐改变。学习不是一件很容易见效的事情，我们要看到 3 年、5 年以后的变化。

在知识付费的浪潮下，出现了一大批知识大 V，本质上是一种披着知识外衣的新“成功学”。当然，这些大 V 确实有自己的专业度，例如某大 V 是心理学博士，但你不是，所以他只能选择把那些很浅显的能让你理解的道理告诉你，这些道理和知识并不能帮你过好一生，但至少你的打赏和订阅能帮他过好一生。

如果说世上真有什么书是看了离成功更近的，那一定是你不愿意触及的那些专业书籍，例如《亲密关系》《策略思维》《思维与决策》《认知心理学及其启示》《宏观经济学原理》《哲学原理》《决策与判断》《批判性思维原理及方法》等。

当你还是个婴儿的时候，首先学会的是在地上爬行，这时候你看到的是地板、桌子腿，这是你眼中的世界。当你学会站立的时候，眼里的世界也发生了变化，可能是整个屋子、整个院子。你的身高不断增加，你眼里的世界也变得更广阔了。

认知升级和婴儿成长的过程一样，伴随着思维的成长，提升了格局，改变了世界观。

第二章

认知升级的通路

从了解知识分类开始进行知识储备，直到掌握有效的学习方法，持续阅读，并且不断地运用写作来整理思维，逐步形成一套行之有效的认知模型。

知识焦虑患者的解药

知识付费其实和小时候付钱请学霸代写作业的行为没有什么区别。如果你已经花了钱，也不必懊悔，至少睡前听一听可以有助于睡眠。

知识焦虑的原因

焦虑是对未来不确定性产生的应激反应。

焦虑也有心理因素在其中，当其他人都在通过知识付费获取知识的时候，作为个体会有一种担心，自己会不会落后于时代、被时代淘汰，由于担心产生的负面情绪，本质上是一种缺乏安全感的表现。

知识焦虑不等于信息焦虑，信息不能和知识画等号。知识焦虑的原因在于个体掌握的知识量不够，同时缺少知识储备的方法，导致面对大量知识的时候迷茫和不知所措，从而产生焦虑。

书、音频、视频都可以是知识的载体。在知识付费兴起之前，书籍已经浩瀚如烟。免费的书也有很多，每个城市都有图书馆，里面的书一辈子都看不完。不仅仅是书，网络上免费的视频课程比比皆是，例如网易云课堂、TED 的公开课、国内外大学的公开课等。

但为什么在这个时代，忽然出现“知识焦虑”这个现象？这并不是知识多带来的问题。

知识焦虑源于人类的规避损失心理，类似于“不看就落后了”“别人都在学我也要学”。知识付费刚兴起时，互联网大V们发现只要开个课程，就能把手头的流量进行变现，收获满满。

媒体推波助澜，宣告全面进入知识经济时代。知识变成商品，知识变得有价，只要肯花钱，就能博古通今。因此我们可以看出，**知识焦虑的原因在于社会媒体导向，是人为制造的焦虑。**

对于我们来说，如何缓解知识焦虑，并不是一个难解的问题。首先我们要明确一点，不是所有的知识都是我们所需要的。其次，知识学习是一个短期内并不能快速见效的行为，是需要我们花费很多精力和意志去坚持的过程。前者能够帮我们过滤掉许多我们用不上的知识。后者能够让我们无须担心他人超越自己而产生焦虑心理。

知识付费是智商税吗

知识付费最好卖的课程和畅销书一样，无非是什么《21天系列学会×××》《时间管理》《每天一小时》《做最好的自己》《和过去说再见》《×××速成》《通往财富自由之路》《××日课》《××内参》等，迎合了人们不劳而获的侥幸心理，连阅读都省了，只要支付199元，立刻拥有知识。

现实是付完钱之后，你拥有的只是一份音频的拷贝，花了很多钱，生活却依然没有什么变化。就像电影《后会无期》里说的一样，听过许多道理，依然过不好这一生。

有一些知识付费产品有帮你读书的版块，既然你没有时间读完完整的书，那么我帮你把一本书最精华的内容摘出来，解读给你听，你只要花钱，可以节省读书的时间。想出这个主意的产品经理很理解人性。

这是个好点子，但我认为效果不好，最好的结果莫过于，我听说过某某书，我知道那本书讲了些什么，对生活却没有什么改变。所以花钱买的其实是自我安慰。花的钱也不是完全一无是处，至少缓解了你的焦虑，睡觉前听一听，比催眠曲还管用。最终你变成了一个全身携带武林秘籍，却手无缚鸡之力的江湖人士。

知识付费给你的是结论，一个推导出来的结果，省去了中间推导的过程，也省去了作者的思维方法，实质上，最值钱的部分就是被省略的这一部分。学习一手知识，费时费力，但有效果。学习二手知识，充其量只能够增加谈资和理论。

为知识付费，不是坏事，至少你还有上进心。花了钱，就能缓解知识焦虑，心安理得睡个好觉。买了书不等于读了书，知识付了费不代表拥有了知识。

当知识付费成为一个新的金矿，必然引来资本的注意，互联网上涌现出许多类似的产品，在这股浪潮之下，难免鱼龙混杂。

警惕知识付费中的骗局

有一些客观规律，是我们无法违背的。例如，一家制造商不可能一直用低于成本价的价格来销售产品。

意大利裔投机商查尔斯·庞兹（Charles Ponzi）1903 年移民到美国，1919 年他开始策划一个阴谋，向一个事实上子虚乌有的企业投资，许诺投资者将在三个月内得到 40% 的利润回报，然后，狡猾的庞兹把新投资者的钱作为快速盈利付给最初投资的人，以诱使更多的人上当。由于前期投资的人回报丰厚，庞兹成功地在 7 个月内吸引了 3 万名投资者，这场阴谋持续了 1 年之久，才让被利益冲昏头脑的人们清醒过来，后人称之为“庞氏骗局”。

庞氏骗局明显违背了正常的投资规律，如此之高的利润回报不可能长久持续。众所周知，风险与回报成正比乃投资规律，“庞氏骗局”往往反其道而行之。骗子们以较高的回报率吸引不明真相的投资者，却从不提及投资的风险因素。当资金链断裂的时候，骗子们早已逃之夭夭。

同样的，我们从学习知识到运用，也需要一个过程，不排除这个世界上有天才，有惊人的记忆力和理解力，不是谁都能像高更一样，在 35 岁的时候忽然辞职，跑去画画，成为一个画家。或者像爱因斯坦一样，作为一个专利局的公务员，却成了举世瞩目的大物理学家。

热爱写作的人都有一个出书的梦想，于是有人利用这样的心理推出写作课程《靠写作月入过万，30 天出版一本书》，售价 99 元。通常来说，出书有两种方式，一种是自费出版。自费出版没有门槛，只要你有钱，完全可以委托一家机构帮你完成。另一种是出版社对作品认可，作者不用出一分钱，一切手续和费用由出版社负责，而且还会支付给作者一定的稿酬。如果是后者，一本书从构思、写稿、交稿、校稿、印刷、上市，30 天明显是个不可能完成的任务。

不要相信任何速成班，尤其是一些需要大量时间、精力，甚至经验的课程。学完《总裁速成班》就能让你立刻出任 CEO 走上人生巅峰，你能相信吗？

所有这一类知识付费课程都有一个共同点，就是把一些高难度的任务说成人人都可以做到的事情，只要你购买课程，丝毫不考虑客观规律的存在，不考虑学员的基础能力是什么样的。要成为大学生，还要先经过高考呢，这就是一个筛选的过程。况且经过大学几年的学习，能不能成为社会栋梁，也还很难说。

这一类课程利用人们想走捷径、急功近利的心理，而所付出的代价又不是非常高，只需要出一点课程费。假设课程售价 99 元，网络时代没有边界，1 万人购买，卖课方就能收入接近 100 万，不得不说，这真是一门敛财的好生意。

一个有良心的知识付费教程，绝不会承诺学完之后能有什么明显违背客观规律的收益。

学习知识的关键步骤

有个流传很久的问题，如何把大象放到冰箱里？

两个步骤，第一步打开冰箱，第二步把大象放进去。

“冰箱这么小，大象那么大，怎么可能放得进去？”这是大多数人的第一反应。我们都被常识限制了，冰箱也可以做得很大，这个问题可以进一步转为如何寻找一台大冰箱，或者如何制造一台能装得进大象的冰箱。

埃隆·马斯克在 2017 年 5 月开始建 220 英里（约合 354 千米）的城市高速隧道，这又是一个疯狂的想法。他的步骤很简单，第一步定义目标，第二步开始动手，第三步在实践中找到降低成本、解决技术难题的方法。

在学习中也是一样，不要被浩瀚如烟的知识所吓倒。

第一步选择一本书，第二步，是开始阅读，第三步，尝试把你阅读的内容用自己的语言写出来。

如果你能够条理分明、逻辑清晰地把书中的观点跟别人阐述，并且让别人理解，你就掌握了知识。

第三步才是真正检验你对知识的了解程度，了解得浅，无法动笔，了解得深，下笔如有神。能写出让他人看明白的知识，才算是真正掌握。

知识从源头学起

哲学是科学的科学，人类在细分学科之前，只有一门学问，那就是哲学。

学哲学做什么？

当然是为了锻炼思维能力，而锻炼思维能力的首要就是逻辑。

逻辑学具备普遍性、确定性、客观性，是一门思维的工具学科，是一切学科的基础。

学逻辑学需要什么基础？会自然语言就行了，人人都可以学习。

掌握逻辑学可以很容易分辨出他人言语中的谬误，明辨是非，可以把乱麻一样毫无头绪的现状梳理清晰。

我们在前文讲过道与术。道，是思维方式，是规律，是战略，是天，是头脑，劳心，抽象，难以理解。术，是实践方法，是现象，是战术，是地，是四肢，劳力，具体，容易学习。

人们喜欢学习“术”，因为术容易学，不学就无术嘛。可是学好了术，却不一定就能把事情做好。你可以把 Photoshop 的菜单弄清楚，练得一手好快捷键，可是还是修不好图。你把 PowerPoint 的使用记得滚瓜烂熟，但依然做不出好 PPT。

当你在一个行业内积累了几年经验，换一个行业又要重新再来。是因为你只学了术，而没有掌握道。

学习术容易，因为照着步骤一步步重现，唯手熟尔。学习道，则不容易，需要思考。

如何选择知识的清单

买知识、教程和买书一样，买了并不等于读了，读了并不等于懂了。

越偏于术，越容易上手操作，越容易懂的知识，对你产生的价值也越低，反之也成立。

从来都没有速成法，速成法养活的是那些卖课程的，要学会分辨知识付费课程的好与坏。

给自己定 3 ～ 5 年的目标，根据自身的不足，来明确自己需要补充哪方面的知识。贪多容易嚼不烂，无关的知识对你的目标没有帮助，就不要浪费时间和金钱在上面。你的时间有限，每天只有 24 小时，选择一门知识，意味着要放弃其他的。

了解知识的分类，明白如何进行知识储备，最关键的在于知行合一，避免学了很多知识依然无法改变现状的情况。

为什么听过很多道理依然过不好一生

我们嘴上说着一定要努力，但是依然拿着手机在玩游戏刷微博刷抖音聊微信，15 秒的时间一晃而过，一个小时也恍如一刹那，在临睡前翻到一篇励志文章，内心深为触动，开始懊悔，发誓明天开始一定要努力，到了第二天，又忍不住刷手机，周而复始。

我们知道吃烧烤、油炸食物和甜品会长胖，但是仍然经不住诱惑，心里想着要去健身、去跑步，但是身体很诚实，到了夏天依然要吃小龙虾、喝啤酒。我们都知道运动有利于健康，但是我们宁愿睡懒觉，一动不动。

我们买了很多书，收集了很多电子书，但是除了买来的时候翻了一下，都在书架上积满了厚厚的灰尘。每当那些卖书的网站打出“满 200 减 100”的横幅，我们就像向往光明的飞蛾一样义无反顾地扑火，购物车里收获满满，一键下单的同时仿佛看到学富五车的自己在闪闪发光。

明明知道应该要努力要奋斗，但是仍然喜欢为自己找一个理由，美其名曰“佛系”，一切随缘，就像掩耳盗铃一样，自欺欺人。我认识一个人，非常善于说服自己：“热量高的东西吃了会发胖，可乐放在冰箱里是冰的，冷热抵消。”

老师和父母、长辈的谆谆教诲，我们听过就忘记。

我们看过很多的书，听过很多课，知道人生很多道理，但为什么做不到？有没有思考过怎样才能抵制诱惑，克服天性？

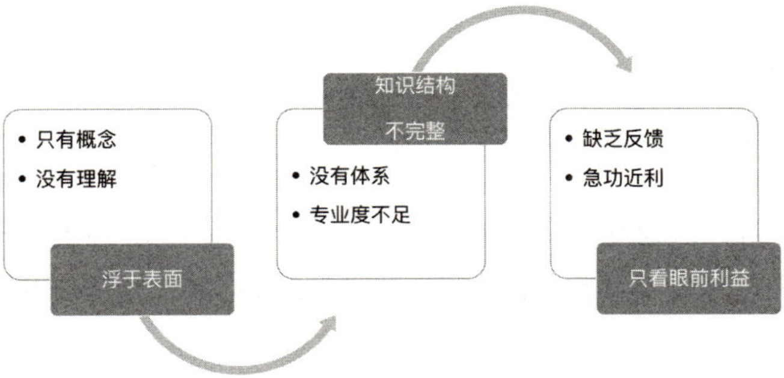

所谓“知道”其实只是听过

未有知而不行者。知而不行，只是未知。

——王阳明《传习录》

中国近代史上最有名的东方哲学家王阳明说，没有知而不行的人，知而不行，说明不是真知。

王阳明认为暂时做不到的行为，实际上是知之不深切的缘故；而之所以知之不够深切，是因为对行为的理解认识还不够深刻。王阳明主张知行合一，强调坚决果断的行动和深入细致的感悟相结合才能不断地进行认知迭代（这个认知迭代是笔者加的，那个时代还没有认知这个名词）。

知道而做不到的人，对于“知”的理解仅停留在感官层面（临时存储），而不是深入意识层面（固定存储）。

举例来说，阅读本书的读者，读完“逆向思维”这一篇文章，用眼睛看过了逆向思维的概念，看过了逆向思维的思考方法，看过了具体的案例。如果只做到这一步，书读完了，没有立即思考在工作和生活中如何应用，没有尝试去使用一下这个思维方式，那么很快，这些知识在大脑中仅仅只是存放在某处，最后就像我们买来的书，因为不阅读，最终堆在角落积灰，毫无用处。

大脑会对吸收来的知识进行选择性储存，如果是第一次接触的知识，会存放在临时存储区，一旦使用过一次，那么就会对这一块的知识标记为“有用”，使用过多次，标记不断加强，对生存有利的知识便会转移到更常用的存储区。实践的过程，就是一个让大脑理解知识的过程。

假如从不使用、不实践，那么临时存储的区域也会被别的信息所替代。最后，你只是了解、听过“逆向思维”这个概念，并不能用来解决任何实际问题。

知识结构不完整

这种情况的原因是，我们的知识不够完整，有欠缺。

举个例子，你知道原子弹是如何制造出来的吗？这个也不难，用一句话说，只要拿到两堆正确的物质（通常是铀 235 或钸），然后把它们“紧紧地”放在一起，再加上一个触发引爆装置，就完成了。

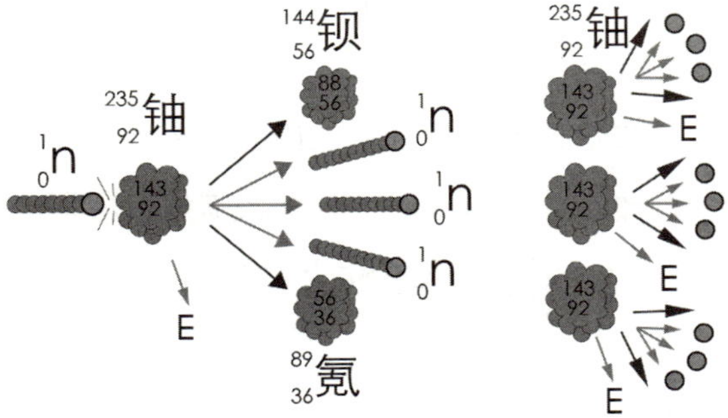

然而先不论材料你是不是能弄到，“临界质量”可能你就不知道，还有如何提纯如何存放，都是关键知识。到目前还有几百个国家没有搞定这个事情。网上有《原子弹制作从入门到精通》，我也帮你找好了。

1 千克 u235，把它融化成两等份，半球形状，接下来弄几根雷管当作引爆装置，弄一个钢桶把核燃料放中间固定好，中间留点空隙，把雷管放在核燃料后面，一个核燃料后面放两根固定好，让 4 根雷管爆炸挤压核燃料，使核燃料达到临界爆炸。如果你想让 1 千克核燃料充分地发挥，建议你在中间放一些镭，这样这颗炸弹应该可以赶上当年美国在日本投的那颗“小男孩”了。

知识结构就像一栋大楼里的混凝土框架，如果有几处不够稳固，这样的大楼看上去外表辉煌，但是稍微有个风吹草动，楼就倒了，那还能住人吗？

有段时间我非常想学习绘画，于是我买了 iPad Pro，还买了 Apple Pencil，当然也看了不少教程，最终还是承认自己没有绘画的天分。实际上大多数教程讲解的时候非常粗浅，为了便于读者理解，简化了许多细节，导致实用性大为降低，其中有多少能拿来实际应用，可想而知。

那么，我们要怎样检验自己的知识结构是否完整呢?

举例来说，你可以试试向一个从来没有见过苹果的人描述苹果，最终达到对方对苹果的认知和你一致。

只看短期利益，不看长期利益

如果知识结构完整了，也理解了事物，但是还不能做到。那么可能的原因是做这件事情的收益不能立竿见影，大脑缺乏积极性。

大脑有奖赏机制。正常情况下人体不会分泌很多的快乐素，这能保持大脑对快乐素的高度敏感性——一点点成功就可以获得足够的满足感，这样人们才有动力去完成长期、艰巨的任务。

人类基因存在的目的是为了繁衍，但是繁衍需要人类付出大量的精力和成本，没有好处的事情是无法长久的，所以性行为会带来快感，这个快感是繁衍这个任务给予人类的奖励。

大脑急功近利，这好理解，毕竟谁都不喜欢做不能立刻看见效果的事情。

为什么人们喜欢玩游戏，因为游戏能给大脑立刻带来反馈。你动一下键盘、鼠标或者按一下屏幕，立刻就有反应；你开一枪，就能听见声音，见到敌人倒下；你玩跳一跳，按一下屏幕，小棋子就能跳出去。

为什么人们不喜欢看书，因为看书不能立刻变现。即使把整本书看完了，也不会让你立刻脱胎换骨，从小学到初中，都还要9年呢。

《21天养成××习惯》《×××速成法》这一类书籍受人欢迎，无非也是这个原因，迎合人类急功近利的心理。越实用、越具体的操作书籍卖得越好，而《数学原理》《哲学史》则少有人问津，无非是太抽象难懂，无法立刻应用，见效太慢。

管理者不要和员工谈理想讲道理，是因为员工没有到领导者的认知层次，无法理解。你只有把道理、理想折算成他能看到、感受到的利益才有用。对比一下：

讲道理：最近这个项目非常重要，我们需要抢时间，你别到了点就想回家睡觉玩游戏，作为一个员工，应该把工作当成自己的事业，和公司一同成长。

讲利益：现在我们做的这个项目，目前市场上还没有竞争对手，是一片空白领域，大家一起努力，项目能提前两周上线，公司拿出一个月的利润的20%作为奖金发给你们，提前一周上线，拿出10%作为奖金。

讲道理通常都是比较久远的未来才能看到收益，讲利益通常都是很快就能看到，相比之下，哪种方式更能打动人心，显而易见。

做任何事情之前，我们应该思考这件事情对于3年、5年后的自己有没有帮助，只有从意识层面感知到利益，大脑才有动力支持你做下去。

改变“知道却做不到”的现状，要理解如下几点：

1. 深入理解，做到真知（真的懂了），实践出真知，动手才能真正理解。

2. 不断学习，弥补知识结构，仅仅有思维工具，没有知识储备，就像巧妇难为无米之炊。

3. 不要只看短期利益，眼光要放长远，多想想 3 年、5 年以后。

4. 敢于告诉他人“我不知道”，面对不知道的问题，勇于承认，正确面对知识盲区，避免做出错误判断，并且做好学习计划。

学习最有价值的知识

“讲述和知识储备相关的知识。”知识储备最大的难题，不是从哪里获取知识，而是不知道该储备哪些知识。

知识是什么

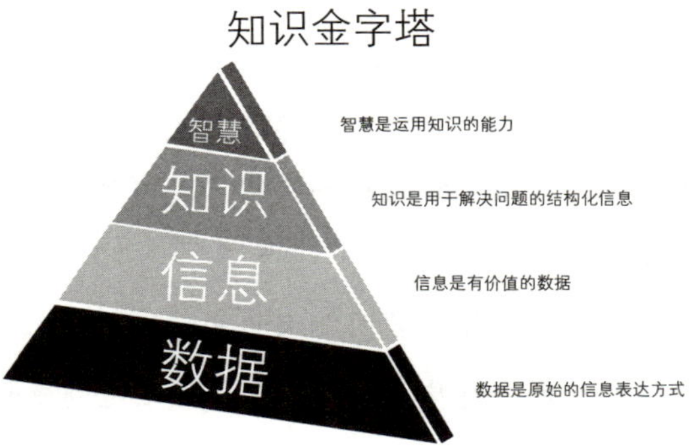

知识是结构化的信息，用于消除信息的无结构性。

知识和信息不一样，知识是信息经过加工整理、解释、挑选和改造而形成的。

知识的概念是哲学认识论领域最为重要的一个概念。

联合国经合组织（OECD）在1996年的年度报告《以知识为基础的经济》中将知识分为四大类：

1. 事实知识（Know-what）：可以通过观察、感知或数据呈现的知识。

例如：

2017 年深圳有 1300 万流动人口。

2017 年中国高铁铁路总长度超过 2.2 万千米。

做面包需要哪些原料，比例是多少。

马其诺防线是哪一年建成的。

这一类知识类似于信息。在某些领域内，掌握此类知识越多的越可能是专家，例如医生、律师。

2. 原理知识 (Know-why）：主要是自然原理和法则方面的科学知识。

此类知识多数产业中支撑着技术的发展及产品和工艺的进步。知识的产生和再生产由专门机构如实验室和大学来完成。为了获得这类知识，企业通常和科研机构及大学实验室合作进行资金赞助。例如：

牛顿的万有引力定律、爱因斯坦的相对论。

光速限制：任何有静质量的物体，都无法达到或超越光速。

海森堡不确定性原理：粒子的位置与动量不可同时被确定。

三体世界混沌理论：非线性系统具有的多样性和多尺度性。

热力学第一定律：能量不可能凭空产生或凭空消灭，永远守恒。

热力学第二定律（克劳修斯表述）：为热量可以自发地从温度高的物体传递到温度低的物体，但不可能自发地从温度低的物体传递到温度高的物体。

热力学第三定律：绝对零度（T=0）不可达到。

3. 技能知识 (Know-how)： 主要是指有关技术的知识或做事的技术诀窍。例如：

企业判断一个新产品的市场前景。

企业面试、培训员工都必须运用它们的 Know-how。

如何做绩效考核。

如何研发新产品。

商业模式创新。

4. 人际知识 (Know-who)： 应该向谁请教问题的知识。

它包含了特定社会关系的形成，即有可能接触有关专家并有效地利用他们的知识。不同企业间和专家之间高度的分工而形成技能的广泛分散，对于经济活动具有重大意义。对现代管理者和企业而言，重要的是要利用此类知识对变化率的加速变化做出响应。Know-who 类知识对于其他类型的知识来说，属于企业内部高级别的知识。

举例说，如果你在做新手机研发，希望能做出与众不同的手机，但是卡在材料上，这时候你要找到国内甚至国际上在新材料研发上的权威机构或厂家，并且知道怎么联系。

你在做人工智能应用在生活中的某个场景关于人机交互设计，但是仍然停留在语音识别，你希望突破语音识别达到语义识别，你要知道谁是语义识别领域最顶尖的专家和机构，并且能联系上对方。

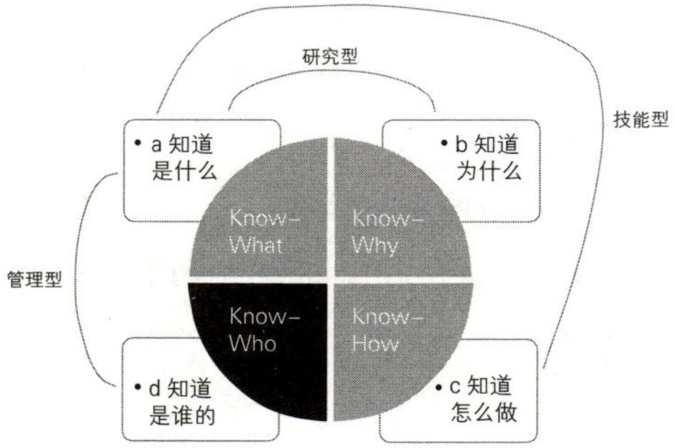

如图，a 和 b 属于“显性知识”，可以通过读书、听课、查找资料获得。c 和 d 属于“隐性知识”，需要在实践中获得。

不同的人才根据其个人知识在 abcd 四个方向的不同侧重，被划分为三种基本人才类型：技能型人才（a&c）、研究型人才（a&b）和管理型人才（a&d）。然而，人工智能 AI 的发展将彻底颠覆现有的人才类型，尤其是技能型人才。在可预见的将来，技能型人才的空间将会越来越狭窄。

知识的掌握程度分类：

了解，指知道得清楚（重在 know-what）。

以摄影为例，知道摄影器材分为数码相机、单反相机、旁轴相机、中画幅相机、大画幅相机等知识。

掌握，指熟知并能运用（不仅要 know-what，还要 know-how，不仅是知，而且会行）。

了解摄影知识后，熟悉什么是光圈、快门、感光度、焦距，用过单反相机，会用自动模式、半自动模式、手动模式拍摄。

熟练，指熟知并运用得顺手（包含“掌握”中的三项外，还要用得很熟悉）。

可以在不同的场景下知道用什么样的拍摄模式，用什么样的镜头，如何构图。

精通，指透彻理解，运用自如，并能融会贯通（要 know-what，know-how，要 know-why，know-who，还要能够运用自如）。

对美学有自己的理解，有发现美的眼光，能熟练使用各种器材，能驾驭各种拍摄题材，不局限于风光拍摄，还可以拍摄商业广告、人像、纪实摄影。不再拘泥于器材，用手机也可以拍出精彩的摄影作品。

知识储备的作用

通过阅读和学习知识，可以建立属于自己的不同思维模型，查理·芒格称之为“思维的格栅”（lattice of mental models）。

格栅理论的基本论点是：真正的、永远的成功属于那些首先努力建立思维模式格栅，然后学会以善于联系、多学科并用的方式思考的人们。

有句话叫巧妇难为无米之炊。这里的米就是我们的知识储备。如果没有知识储备，即使你精通各种思维方式、方法论，也无法真正地运用。

这也是为什么我们零散地学习了那么多思维的方法、理论，最终却感觉没有什么用的原因。

储备什么样的知识

知识通常包括四种类型：事实性知识、方法论知识、规范性知识和价值知识。

“社会达尔文主义之父”赫伯特·斯宾塞对于知识价值说过这么一句话：

“我们认为最重要的问题并不在于这个或那个知识有没有价值，而在于它的比较价值。”时间有限，不只由于人生短促，更由于人事纷繁。我们应该力求把我们所有的时间用去做最有益的事情。在花许多时间学习某个科目之前，十分审慎地衡量一下结果的价值，再比较一下这些时间如果用在其他方面会有什么不同结果、不同价值。

庄子说：“吾生也有涯，而知也无涯。以有涯随无涯，殆已！”意思是，人的生命是有限的，而知识是无穷的，以有限的生命去追求无穷的知识，就会搞得精疲力竭。

知识是无穷的，所以我们必须要选出一些适合自己的，不然只会做无用功。

总之，读书是多多益善，人的学习追求应当是无止境的。

哲学家、社会学家斯宾塞从进化的角度提出了关于完美生活、知识和教育的见解，我按照自己的理解整理出如下应该学习的知识。

1. 自我保全的知识

生理知识，了解人类身体的大致结构、工作原理，有助于合理地使用身体，减少疾病发生的可能，拥有健康的身体是一切的基础。

安全常识，出门旅行需要的知识，开车的安全知识，锻炼的安全知识等一切有关自身安全的知识，都是优先级最高的知识。

法律知识，法律是维护社会秩序，保障社会、公民的人身安全与利益的行为规范。

2. 有助于工作间接自我保全的知识

许多人都忽略了数学的价值，如果仅仅是生活中的运用，大概加减乘除这样的小学数学知识都足够了。但实际上在工作中，许多行业都需要依赖于数学。数学最大的价值在于思想（数形结合的思想、函数与方程的思想、分类讨论的思想、转化与化归的思想），在于学习数学的过程中教给我们的思维方式，而不是那些复杂的公式。

投资的基础是数学，金融的基础是数学，人工智能的基础是数学，经济学的基础也是数学，文科也好，理科也好，都离不开数学。大家经常应用模型、建模、分析，这个模型通常都是用数学建立。艺术、音乐、美术都有数学的影子，游戏《纪念碑谷》里面的不可能视觉效果完全是基于数学实现的。

数学中，首推逻辑学，逻辑学也是哲学的重要组成部分。学逻辑学不能提高你的工作收入，但是可以让你思维更清晰、表达更准确。

英语是全世界使用率最高的语言，世界上最新的科学发现、先进思想，几乎都是以英文最先发表出来的。

经济学，在许多人眼里只是鸡肋一样的存在。学校里的经济学学到后面，有大量的统计分析、概率等数学工具运用，让很多人望而却步。实际上这是一个方法论的学科，不但承担着经济方面的研究，同时也为其他社会科学领域的研究提供了很多有益的理论和实证的研究方法以及手段。

经济学的目的是打开社会、商业和经济现象的黑匣子，打不开也要猜一个出来， 然后给出一个至少在当下是合理的解释。

经济学是设计师，数学工具是施工队，统计学家提供数据，经济学家只提供思路。不能指望经济学的预测精度赶上自然科学，因为物理规律不以人的意志为转移，而经济规律，在很多情况下是行不通的。

经济学通常被归为社会科学，主要着眼于研究宏观上的生产、消费以及商品、服务及资源的分配问题。同时，经济学也会研究政府的税收政策、货币政策以及其他管制政策对于宏观经济以及微观企业、市场参与者的影响与作用；研究市场的供给与需求问题。这些经济学领域的问题往往与微观市场参与者（包括企业、个人等）的金融决策（比如融资、投资等）紧密相连。

如果不想看令人昏昏欲睡的理论，或者不知道从哪里读起，可以先从如下经济学的 10 大原理入手：

1. 人们面临权衡取舍（People face trade-offs）

2. 某种东西的成本是为了得到它而放弃的东西（ The cost of something is what you give up to get it）

3. 理性人考虑边际量（Rational people think at margin）

4. 人们会对激励做出反应（People respond to incentives）

5. 贸易能使每个人状况更好（Trade can make everyone better off）

6. 市场通常是组织经济活动的一种好方法（Markets are usually a good way to organize economic activities）

7. 政府有时可以改善市场结果（Governments can sometimes improve market outcomes）

8. 一国的生活水平取决于它生产物品与劳务的能力（A country's standard of living depends on its ability to produce goods and services）

9. 当政府发行了过多货币时，物价上升（Prices rise when the government prints too much money）

10. 社会面临通货膨胀与失业之间的短期交替关系（Society faces short-run trade-off between inflation and unemployment）

英文和数学属于基础学科，经济学属于社会科学，要想在工作上更为出色，还需要三类知识——行业知识、行业政策、商业逻辑。

行业知识，是进入这个行业必须要了解的专业知识，是一种垂直的知识，是注重实用性的知识。

行业政策，所在的行业有哪些国家或地方政策，哪些政策是有利于行业发展的，哪些政策是行业的红线。

商业源于原始社会以物易物的交换行为，它的本质是交换，是基于人们对价值的认识的等价交换。

商业逻辑，是企业运行并实现其商业目标的内在规律。

商业逻辑，其实没有标准、准确、全面的定义。有人说是商业价值、商业价值观、核心竞争力，也有人说是“人们会使用什么、为什么上瘾、为什么花钱、为什么花很多钱、为什么花不必要的钱、什么是一家公司能长期赚的钱”以及上述问题的反问，还有人说商业逻辑是“供给和需求在哪里、从哪里赚钱、能否持续地赚钱”这三个问题。

因为商业和逻辑两个都是定义广泛的名词，每个成功人士对于商业逻辑的理解都不一样。

在商业逻辑上，我们需要的不是学习案例，而是学会思考。

3. 抚养和教育子女的知识

除了师范类教育专业，大多数人都没有专门学习过这一类的知识。学校里没有任何一门课程能教我们如何教育下一代。

如今的现实情况是，大多数人对于下一代的抚养其实都是靠上一代来指导，大部分人都是门外汉，没有任何经验，不得已临时抱佛脚。

4. 与维持正常的社会关系有关的知识

人是社会性动物，绝大多数人都无法脱离社会独自生存。

社会是共同生活的个体通过各种各样关系联合起来的集合，这些关系叫作社会关系。

在这些知识里，首当其冲的是社会心理学。

为什我不是说心理学呢？因为心理学的范畴实在太大，不必花时间精力去学习，个体心理学注重精神分析，对于大多数人而言，看完书之后依然一头雾水的情况很常见，毕竟这些理论不会给你的工作和生活带来明确切实可行的指导意见。心理咨询、心理治疗只是心理学中的一小部分。

社会心理学是研究个体社会心理现象和群体社会心理现象的心理学分支。个体社会心理现象指受他人和群体制约的个人的思想、感情和行为，如人际知觉、人际吸引、社会促进和社会抑制、顺从等。群体社会心理现象指群体本身特有的心理特征，如群体凝聚力、社会心理气氛、群体决策等。

另外，自然选择学说，也值得了解。

自然选择学说运用单一学说至简的理念，解答了人类为什么生活在一个如万花筒般多样的世界里，不仅阐释了人类为什么能够生存，还回答了许多问题存在的原因，这是一个美妙而优雅的理论。另外，自然选择学说是进化论的核心观点。

自然选择学说可以应用在一切需要进化的领域，例如团队、公司、政府、国家等。

历史，如今能够让我们看见的历史，至少有大半不是真实的历史，“历史是任人打扮的小姑娘”。历史都是由胜利者书写的，学习历史不是为了引以为戒，也不是为了将历史用到现实中，比如现代企业管理。人不可能两次踏进同一条河流，历史也很难重演。我们学习历史，了解历史，目的是学习古人的智慧，了解人性。从古至今，永恒不变的只有人性。

中国历史悠久，你可以选择一个自己感兴趣的朝代，静下心来研究，只有这样你才能真正吸收。

“我们真正应该学习的是社会自然历史。我们需要的是一切能帮助我们了解一个国家成长和组织的知识。在这中间我们当然要叙述它的政权，少谈其中掌政权的人，尽量多讲它所表现的机构、原则、方法、成见、腐败等；这种叙述不只包括中央政权的性质和活动，也应该包括地方政权甚至其中最小的分支。”

——赫伯特·斯宾塞

大多数人看历史会觉得枯燥无味，看的都是年号更迭，谁战败谁称王，只关注国家兴亡，而这些对普通人来说毫无意义。我们需要了解的是掌权者以外的，当时的社会形态是怎么样的，工业是怎么样的，农业是怎么样的，社会分工是怎么样的，艺术发展到什么程度。

当时社会的各种现象，往往能归纳推理出新的知识，让你发现历史的真相，这才是你最大的收获。

5. 在生活中的闲暇时间用于满足爱好和感情的各种知识

前面的知识大多属于科学类，当我们能够自我保全、工作稳定、安身立业之后，我们需要的是提高自身的幸福感，或者说是精神享受。

我们至少应该学习一门艺术，可以是绘画、音乐、摄影、写作等。

在这些爱好中要取得乐趣，还需要学习艺术相关的知识，首先是审美。例如要想在摄影上更为深入和专业，就需要去了解美学，学习构图、色彩、计算机图像后期处理知识、区域曝光理论等。

6. 知识书单

以上知识，出于篇幅及每个人水平不同的原因，我不推荐书单，建议上豆瓣和知乎等相关网站查找书评，找到适合自己的书籍。另外，书本是重要的知识来源，但不是唯一的知识来源。

如何增加知识储备

需求是第一驱动力，want to know what，how，and why。从“以知识收集为中心”转为“以兴趣为中心”。

知识来源于信息。

1. 以兴趣为导向，学以致用为主线

获取知识之前，先问自己为什么要获取这类知识（Why）；然后再问自己，如何获取这类知识（How）；最后是获取这类知识最后能得到什么结果和预期（What），这一类知识对我有没有帮助？是能够提升工作效率呢，还是能让自己拥有快速解决问题的能力，抑或是能够让自己在社交活动中如鱼得水等。

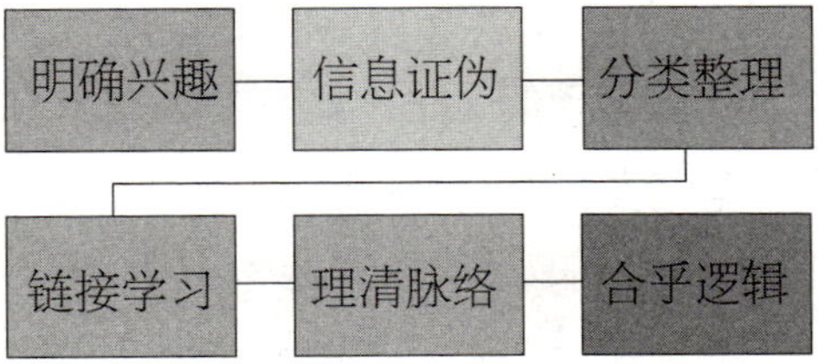

我们都喜欢做一些立刻有反馈的事情，但在获取知识这件事情上，却很难实现。所以大多数人容易半途而废。

对期望值进行管理，明白获取知识的过程并不能及时给大脑做反馈。始终让自己保持好奇心和探索精神，也能克服这个问题。

知识储备的另一个重要原则是，围绕自己的应用场景为主线储备个人知识库。换一个说法就是“学以致用”，你学的知识可以为你所用，对你而言才有价值。

2. 信息证伪，去除冗余

互联网极大地丰富了信息来源，每个人都可以发布各种信息。信息渠道越来越丰富，真假难以分辨，鱼龙混杂。所以在信息来源上，要擦亮眼睛，明辨是非。

资讯类、数据类的信息，要看出处是官方媒体还是民间媒体。

自然科学、新科研成果，要看是否出自科学权威机构。

要善于使用搜索引擎，并且去国外学术机构上查证。

知识的时效性也是一方面。在某个历史时期，某些知识成立，但时代不同，环境发生变化，知识的有效性也发生了变化。

有些理论，在过去科技水平不够发达的时候，只能是一些猜想，或者不能称之为科学。

3. 知识分类整理

有很多个人知识管理的方法，大多数是按自己的逻辑概念分目录，并且通过笔记类应用软件来储存资料、文章、书籍。

看上去十分理想，80% 以上的人都能做到这一步。当目录建好之后，在网上看到感兴趣的资料就开始收藏到诸如印象笔记、网易云笔记等工具里。

但现实和理想仍然有很大差距，许多人建立了知识库，囤了很多书和文章，却再也没有打开过，仿佛收藏之后就拥有了知识。知识库被大脑刻意忽略，毕竟学习与娱乐以及其他令人放松的事情相比，优先级总是最低。而且在如今网络如此发达，移动设备替代电脑、笔记本之后，随时随地可以上网搜索，人们逐渐不再收集知识。

4. 理清脉络和时间线

知识的发展过程和人类文明的历史一样长。在时间长河上，科学理论也发展了很多分支，有的昙花一现，有的还枝繁叶茂。如果不了解过去，就无法了解现在。

但我们没有精力和时间了解所有分支，需要明确知识主线，按时间轴来梳理。去除冗余信息，精简知识。

5. 吸收知识的最佳实践是转授他人

绝大多数人都在被动学习，无论是看书、上课、知识付费。

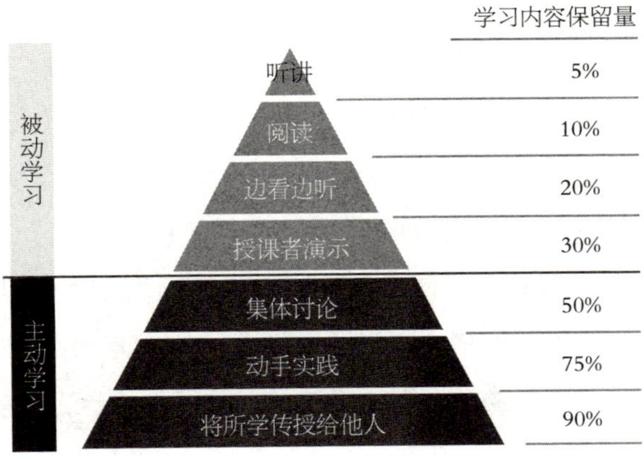

知识留存率最高的行为是——将所学传授给他人。

传授给他人的过程，本质上是考验你对知识的理解程度。只有真正理解了知识，才能转换为你的语言，并且让对方能够理解。

这一步是最关键的一步。

知识储备清单

1. 人的时间是有限的，求知应当追求专而精。

2. 知识储备不是一朝一夕就能完成的，把眼光放长远。

3. 人的大脑喜欢立刻有反馈的事物，让求知变得和玩游戏一样会更有趣且更有效。

4. 知识的价值在于比较。

5. 最好不要囤书，图书馆是个好地方，环境好不花钱，又能看到很多爱学习的人。

6. 看不进书可能是环境的问题，带上你的书，到一个书吧、咖啡厅或者草地上晒着太阳坐一个下午。

7. 不要带功利心理去获取知识，知识对人的改变的过程比你想象中还要长，换言之，滴水石穿非一日之功。

8. 在某个领域深入学习知识，并不见得有益于创新或者颠覆，要小心知识的枷锁。有句话如此说："变成专家的过程，就是对越来越少的事物知道得越来越多，直到对某一芝麻绿豆大的事物具备了博大精深的知识。"

9. 人丑就要多读书，人美更要多读书。

10. 获取同样的知识，要带着"找茬""挑刺"的目的，找找漏洞，所谓批判性思维。

11. 多读哲学和文学，哲学看万物本质，文学看人性。

12. 刷知乎主要增长的是见识，而不是知识。

13. 在获取知识上，不存在不劳而获。

14. 你知道的越多就知道你其实有很多还不知道。

最后一条，Do More。

思考

假如有一天，你穿越到明朝，需要储备什么知识才能顺利活下来？

假如活下来，还需要什么知识才能改变历史？

写作是知识留存率最高的实践之一

写作是认知提升的重要环节

1. 通过读者无形监督的力量，督促自己定期思考

人的本性不喜欢思考，这是进化带来的身体保护机制，思考要消耗能量，这违背了我们原始大脑的本能。写作可以获取反馈，听听不同的意见和声音。通过外部驱动，得到对自己的肯定来获得动力。

为什么会有各种“打卡”组织出现？打卡就是通过一群有相同目标的人互相监督来实现养成习惯的做法。人很难通过自我监督来完成一件需要持续投入的事情，尤其当这件事情无法短期见效的时候。

如果写作只写给自己看，得不到反馈，那么会很难坚持下去。

2. 写作是提高认知能力的一种重要方式

人类大脑处理信息的过程和计算机类似，大脑通过对接收到的信息进行筛选、记忆。这是数据的输入，任何知识和信息都是通过大脑的认知机制转化为经验和潜意识。

认知是对输入进行加工。知识和信息没有经过加工，是没法转换为你的经验和能力的。

思维和语言是人类反映现实的意识形式中两个互相联系的方面，它们的统一构成人类所特有的语言思维形式。思维是人脑的机能，是对外部现实的反映；语言则是实现思维、巩固和传达思维成果的工具。

写作就是一种重要的加工方法，你要写作，首先要思考，分析，演绎推理，归纳总结，打碎再重组。回想一下读书时代，写作业就是教育过程中不可缺少的环节，考试则是检验你是否真正掌握了知识。记忆力超群可以记下知识，但只靠纯粹的记忆，很难维持长久，必须要反复地提高记忆。所以那些学习能力强的人，不是仅靠记忆来处理知识和信息的。

写作是一个对知识点掌握度进行检验的好方法。

费曼学习法的灵感源于诺贝尔物理奖获得者理查德·费曼（Richard Feynman），运用费曼技巧，你只需花上 20 分钟就能深入理解知识点，而且记忆深刻，难以遗忘。

用一句话来描述费曼学习法：尝试把你希望掌握的知识点说给一个 8 岁的孩子（或者成年人），在这个过程中，你需要把复杂难懂的概念换成一种简单易懂的语言描述出来，同时也可以发现你的知识边界，知道自己明白了哪些部分，不明白哪些部分，当你讲述到他人能够明白的时候，说明你已经完整掌握了该项知识点。

写作是费曼学习法的延伸，同时也是一种好的学习方法。在写作的过程中，你需要假想你的读者的知识水平，将知识点逐一讲解，然后尽可能地用你的逻辑将知识点串起来，分散的知识点就像散落在各处的珍珠一样，需要用一根主线将珍珠串起来，这样才能成为项链。

例如，你需要学习什么是“虫洞”，当你读完很多关于“虫洞”的资料和书籍，你可以试着向一个没有理论物理学知识的成年人解释什么是“虫洞”。但是在你没有想清楚之前，就去随便拉一个人来解释什么是“虫洞”，即使对方愿意听你结结巴巴地说了上半句忘了下半句，你自己也会不好意思的。所以，你应该先试着把你的想法先写出来，自己看一遍是否逻辑合理，语句通顺，然后发给他人来检验你对知识的理解程度。

要解释什么是虫洞，就需要解释暗物质、平行宇宙、婴儿宇宙、时间空间。要解释暗物质，就需要解释什么是宇宙物质、天体、相互作用、粒子。这些概念都是一个个知识点，对这些知识点理解的过程中，就能发现自己知识的边界——哪些知识是自己不懂的、不理解的。

有句古话叫作“夏虫不可语冰”，意思是你很难向一个只能生存在夏天的虫子解释什么是冰，你需要把你对冰的概念转换成夏虫熟知的事物。有这样一个目标，促使你动用语言文字这个思维工具，来整理你的思路，这就是写作的过程。

以长远的利益为目标

做事情不要只关注眼前的短期利益，而是要放长远来看，时间跨度放长一些。当你对做一件事情有预期目标和收益之后，就会有动力去坚持。

同样在工作中，我们不要去关注数据指标的绝对值，而是要重点关注增长趋势，无论是同比还是环比。趋势才是重点，有增长率，有变化，就说明方向没有错。这也是前进的动力，坚持的动力。

当我们花费 3 年、5 年、10 年的时间来写作，每个阶段回顾的时候发现，我们的思维能力得到提升，书面语言得到训练，逻辑更为缜密，这就是收获，是一种可以给人成就感的收益。成就感会提高人的内在驱动力，是一个正向循环的过程。

生活中有很多娱乐，可以睡觉、追剧、玩游戏、约会，或者是吃饭喝酒应酬。这些都是诱惑，短期收益很大，能让一个人立刻感觉到愉悦，但这种愉悦有效期很短，对人的成长极其有限，甚至有害，像鸦片一样。

如果只是简单地催眠自己，这些不好玩不有趣，很难有效果。如果能从写作中获得成就感，那么对于我来说，就是一种娱乐，一种有益身心的娱乐，能带来更持久的愉悦感。

做任何事情，都要有一个目标，目标要有一定的难度，既不是轻易可以达到，也不能是遥不可及。定好目标之后，就不要考虑其他，专注做一件事，这样才容易做成。

怎样才能把想法写出来

人生来就有表达的欲望，无论是言语、动作还是文字。

不要把写作的冲动当成是写作的能力。语出不详，传说可以追溯到酒仙李白。听上去像泼冷水，但我认为有写作的冲动是好事情，毕竟比没冲动好，冲动意味着年轻，年轻意味着无限可能。有没有能力，谁在乎呢？

就拿我来说，虽然不再年轻，但是依然有冲动，看见美丽的事物会心动，看见键盘忍不住要敲，拿着锤子看见什么都像钉子。

在动笔之前，心中有千言万语呼之欲出，一旦开始在键盘上敲下文字，千言万语顿时消失得无影无踪。任凭千呼万唤，半个时辰过去，编辑器里还是一片空白，写了又删，删了又写，如此反复。

千言万语和思绪万千在某些时候代表一团乱麻、毫无头绪。像是大脑里放着无数个毛线球，线头到处都是，无从下手。

一个非专业作者，通常会有这些问题，例如写作缺乏章法，文笔难以吸引读者。不懂写作技巧，文学素养有限，写出来的文章自己也看不下去。这些问题其实都是藏在我们大脑中的那只看不见的猫所幻化。

应该如何抓住这只捣蛋调皮的隐形猫？

1. 像建房子一样开始

首先要明确你的文章类型和主题，是随笔、议论文还是小说。你要建房子总要明确是建个凉棚、亭子、平房，还是楼房、别墅吧。

写文章和建造房子有许多相似之处，写一篇短文像搭一个凉棚，而写一部长篇小说，可能像建一座宏伟的大教堂。建筑首先要打地基，然后再搭框架（无论是混凝土还是木头），之后再砌墙、盖上屋顶，装上门窗，内部进行装饰。

软件行业有个岗位叫作架构师，架构师考虑的问题简单说来就是如何搭软件系统的框架，架构这个词来源于建筑行业。

写文章也是一样，不同类型的文章需要有不同的目录、主题结构（框架）。假如我们要写一篇《一只鸟是否知道自己是一只鸟》，先要把论点、论据、结论准备好。

思维导图是一种帮助整理思绪的图形化工具。人们喜欢看图多于文字，图形化有利于大脑进行思考（思维导图工具推荐用xmind，支持windows、mac操作系统，有免费的正版）。整理的过程也是梳理思维的过程，像两军对阵之前作战指挥部的沙盘演练。

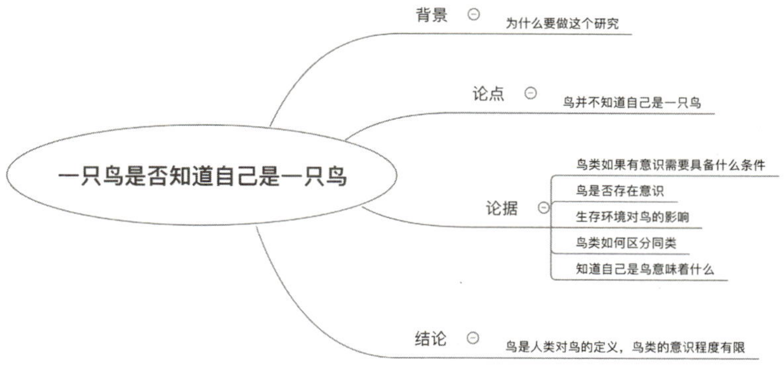

2. 用产品思维来写作

明确你的读者是什么类型，读者对什么题材感兴趣，读者的文化水平是否能够理解你的文字，读者是男性群体还是女性群体，是青年群体还是中年群体。

你的文章读者是什么样的，决定了你的遣词用句。假如你要写给文化层次不高的人群看，那么用词就不能太深奥、太冷僻，不要过于引经据典。写给年轻人看，要知道他们的人生阅历并没有那么丰富，太有深度可能会不被理解，有些内容就不能省略。

没有任何文章能够老少通吃，有人喜欢就会有人不喜欢。我接触过一些作者，他们并不在乎读者是否喜欢，只要自己写得开心就行。我希望这是他们的心里话，而不是一种自我开脱。文章如果受欢迎，给作者带来成就感，便成为正向激励。

写文章需要站在读者的角度来思考，而不是站在自己的角度来思考。从人性的角度来思考，抓住人性的弱点，文章就成功了一半。

读者有什么样的需求，有什么样的痛点，你都清楚吗？你的文字解决了读者什么痛点？让读者开心？让读者愤怒？让读者如获至宝？引起读者共鸣？

要赢得读者的共鸣，读者才会给你点赞、评论甚至转发。文章要让读者读完有收获，或者是“原来如此”“惊心动魄”。

移动时代，社交无处不在。你的文章想引爆读者，就需要考虑能不能让读者感觉读了之后会高人一等，有优越感；或者能不能激发读者强烈的共鸣，急不可待地想要转发给朋友们阅读。总而言之，假如你跳出作者的角度，站在读者一方，你对自己写的内容评价是什么，你会去转发吗？

学会对读者进行“用户画像”，能够让你更清楚你的文章应该怎么写。

对于读者的用户画像，我一般会用如下元素：性别、年龄范围、农村 / 城市、文化水平、心理诉求、阅读偏好、是否忙碌、学习 / 娱乐等，通过确定一个读者范围，才能有针对性地写出适合读者的文章。

互联网产品讲究迭代，迭代的特征包括短期内交付使用（通常在两周左右），不断修正（根据市场反馈逐步添加新功能），然后再交付到市场。

写文章也是如此，要不断搜集用户反馈，进行修改。

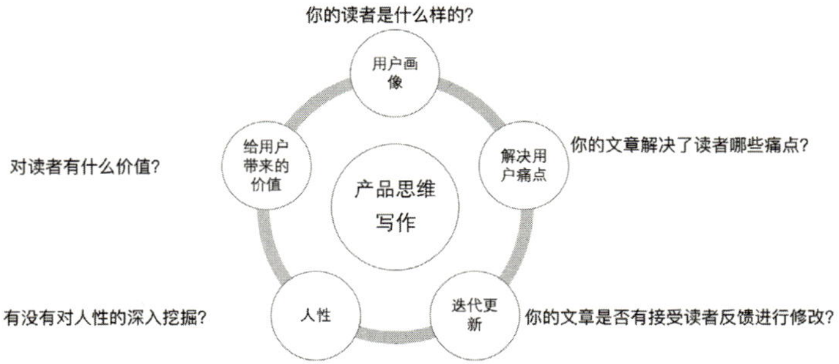

3. 学习一些写作技巧

如果是写故事，遵循故事三要素“冲突（渴望＋障碍）、行动、结局”，情节充满冲突和对立。

如果是写游记，不要写成流水账，不要写个人感受，没有人会关心你的感受，除了你的朋友，除非你是公众人物或明星。

为什么我们喜欢看 PPT 演示，而不愿看大段文字？因为相较于文字，人类更喜欢画面。所以我们需要学会如何通过文字来视觉化、场景化。

用具体的细节、场景替代干巴巴的形容词，例如“她很漂亮”，每个人对漂亮的定义是不一样的，读者看到这句话，并不会留下深刻的印象，这只是一段文字，并没有图像化。所谓图像化是指，读者根据你的描述能在脑海中浮现一个具体的人物形象，这样你就成功了。

把“她很漂亮”改成“她有着一头长发，长得快要接近纤细的腰，白皙的脸无论从哪个角度看都赏心悦目，此刻脸上有些微红，大大的眼睛流露出无辜，嘴角轻微上扬显然出卖了她内心暗藏的小小得意”。

何瑫在文章里写过这样一件事：

整整10年前，我在北大中文系读书的时候，选过一门课程，曹文轩老师的《小说的艺术》。有一节课，曹老师讲了一个故事：北大有很多旁听生，好几年前他开这门课的时候，有一个旁听的女孩在课间找他聊天。

她说：“曹老师，你知道我最喜欢做的一件事情是什么吗？”

曹老师说：“我不知道。”

女孩告诉他说：“我最喜欢做的事是在冬天的晚上洗碗。”

这听起来有些奇怪。有谁会把洗碗当作一种爱好呢？

女孩接着说：“冬天的时候很冷，很干燥，手经常会裂口子。我家里穷，买不起护手霜。但是洗碗的时候，碗里有油，手上就会有一种油油的、滑滑的感觉，很舒服，像是被人温柔地保护了起来。”

如果那个女孩只说自己穷，生活困难，并不能引起读者的共鸣和感情，也不会留下深刻的印象。

余华评价鲁迅说：鲁迅可以说是我读到过的作家中叙述最简洁的一位，可是他的作品却是异常地丰厚，我觉得可能来自两方面，一方面鲁迅在叙述的时候从来不会放过那些关键之处，也就是说对细部的敏感。要知道，细部不是靠堆积来显示自己的，而是在一些关键的时候，又在一些关键的位置上恰如其分地出现，这时候你会感到某一个细部突然从整个叙述里明亮了起来，然后是照亮了全部的叙述。

所以，写作要拥有自己独特的风格，和其他人不一样，给读者以新鲜感。

好的文字可以读出来，试试朗读自己的文章，注意押韵。倘若学习一些诗词的写作技巧，也会有帮助。押韵使语句富有音乐美感， 韵字的位置一般有规律，使语句充满节奏感，使语句读起来朗朗上口，易记好背。

假如你的文章需要朗读变成音频，有意识地运用押韵，会让你的文章更吸引人。

在朗读文章的过程中，可以发现一些阅读所不能发现的问题，语句是否通顺，语调是否平淡，评判的标准在于“是否顺口”，而不是“感觉拗口”。现代人写文章，很容易受到文言文、白话文、翻译文、英文、口语等多种文体的影响，一篇文章里，既有文言文的用法，又有英文的语法，书面语和口语混杂，读起来能通顺才怪。

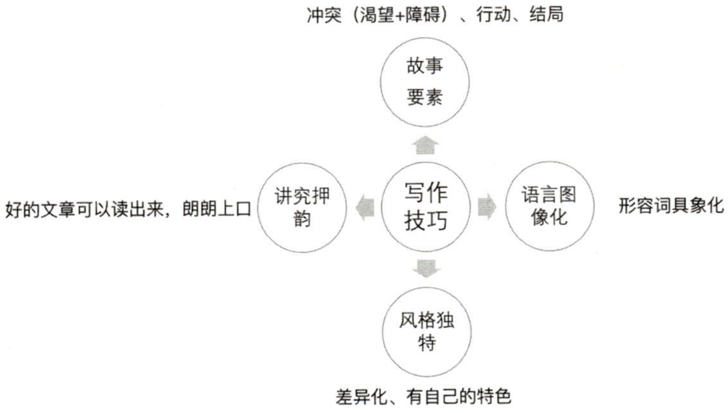

4. 千里之行始于足下

任何文章都是一个字一个字敲出来的，先不要管三七二十一，在框架完成之后，每个标题内想到什么就写什么，一段一段写完。

罗马不是一天建成的，冰冻三尺非一日之寒。我们只需要写出来，没写出的文字都是空想。

有一段时间，我写书稿，一个星期内通常会写上三篇左右，每篇完成基本上需要花费一周的时间，其中三天的时间写初稿，剩下三天每天改稿，一周为限。

为什么会并列三篇文章？这只是我的能力有限。如果你有能力，一周七篇文章也可以，前提是能保证质量。实际上我的三篇文章相当于每天在三篇文章中切换，当一个章节写不下去的时候，我可以切换另一篇文章。

这三篇文章通常类型都不一样。有随笔，这一类文章写得比较随意，用来放松大脑；有游记，更像是写故事，用来锻炼大脑的想象力；还有一类就是思维相关的，例如认知系列文章，这一类文章写起来很不轻松，需要逻辑缜密，论点论据一样都不能少，还需要补充示例。

我不能保证每篇文章都能在一周之内完成，但是有个好处是不至于让自己无从下笔。

值得注意的是，**写作也需要有素材**，一个手法娴熟的大厨，没有素材也没法做出菜。

知识可以通过大量阅读来获取，专业作家会四处旅行来增长见识。这些都是为写作积累的素材。

没有输入，哪里来的输出。

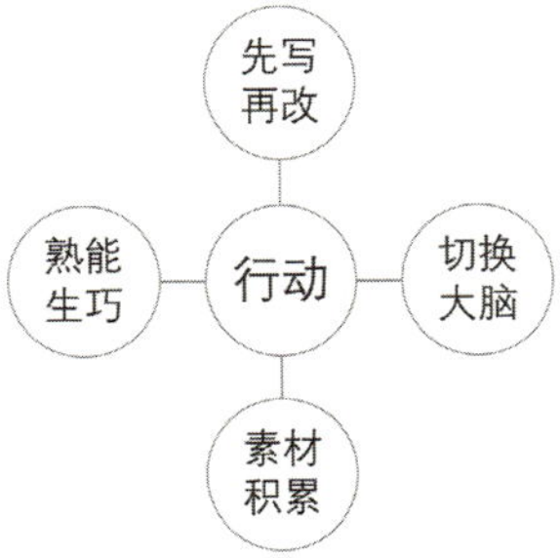

5. 反复推敲，好文章是改出来的

好文章是修改出来的。

写完之后，就要开始删的动作了，不要心疼，我曾经试过整段整段地删，如果你觉得可惜，以后还有用处，大可以保存在其他地方。

怎么判断需要删的部分呢，凡是和文章主题，你所需要表达的思想无关的内容，无论是段落还是句子，都不应该存在文章里（希望能够多拿些稿费除外）。每一段文字都应该为主题服务。**即使这一段文字写得再精彩，和你要传达的意思没有任何关联，请删除。**

我们来看朱自清的《背影》里的一段文字。

到南京时，有朋友约去游逛，勾留了一日；第二日上午便须渡江到浦口，下午上车北去。父亲因为事忙，本已说定不送我，叫旅馆里一个熟识的茶房陪我同去。他再三嘱咐茶房，甚是仔细。但他终于不放心，怕茶房不妥帖；颇踌躇了一会。其实我那年已二十岁，北京已来往过两三次，是没有甚么要紧的了。他踌踌了一会，终于决定还是自己送我去。我两三回劝他不必去；他只说，“不要紧，他们去不好！”

朱自清到南京时，停留了两天，第一天朋友约朱自清去逛街，想必也是极有乐趣，和朋友许久不见，又是逛街又是游玩，见到许多事物。对于朱自清而言，这一天自然很有意思，但是在这篇文章里，短短一句带过，并没有写上和朋友去哪了，吃了啥，看到啥，有什么感想。因为这些内容和《背影》的主题毫无关系。

即使在这短短一句话，其中有“勾留”两字，这个“勾”字用得十分巧妙，换成“停留”“逗留”，便少了意味，一个“勾”字反映出朋友对朱自清的热情，也反映出朱自清对南京的喜欢。

历史上有一些作家（塞万提斯、狄更斯等），在成名之前，为了多拿一些稿费过生活，会在小说里塞进去许多小故事，而把这些小故事删除完全不会有任何影响。按照现在的通俗语言来说，就是灌水，像那些不良商贩往牛肉里注水一样。我们在读一些经典作品的时候，要结合作家当时写作的环境、经济情况，才能理解这些知名作家这么做的动机。

如何提高自己的修改能力？有个方法，你可以随便找来一本公认的经典文学作品，然后从中找出几句或者一个段落，试着用自己的语言来修改，直到你改得比原作更好为止。

对于自己的文章，我们还可以再次搬出前面说过的办法，试着朗读下。可以调整一下句子顺序，尝试用不同的语法来表达，看看会有什么效果。好的句子读起来朗朗上口，不会生涩拗口。

删完一些无关的内容之后，我们要看看是否有地方需要补充。所谓修补，是在文章中前后段落间增加承上启下的内容，让文章读起来更为通顺，而不是莫名其妙，让读者觉得突兀。

6. 认知在写作上的运用

认知能力中包含各种思维方法和工具。

例如交叉思维、逆向思维、观察力、隐喻等，可以运用在写作上，以达到创新的目的。

交叉思维通常用来组合创新，通常也可以叫作“跨界思维”，具体说来，就是通过对不同类别的事物、概念、情节进行组合，从组合之中找出一些新鲜东西。

逆向思维常常用来给文章增加一些神转折，或者是喜剧效果。

正向思维让我们陷入行为和思考的固定模式，问题解决变得很困难，找不到突破口。固定模式让思维无法突破惯性，所有的解决思路都限制在一个方框里。

线性思维包括正向思维和逆向思维，正向思维会有许多预设和假定，正是这些预设限制我们的思维。逆向思维可以用来解决正向思维无法解决的问题。

段子手们通常都很精通逆向思维，段子的精华在于神转折，能够让你在看完之后会心一笑。究其根源在于利用了人的心理，前面一段文字铺垫都把人引入自以为是的解释，最后突然来个完全出乎意料的结尾。

例如：

双十一过了，这个剁手的季节，女友让我感动至极，她总共

买了24件东西，一共花了40865元，其中23件是给我买的！衣服裤子鞋子还有我爱吃的巧克力，不说了，我现在去看看她那4万块的包长啥样？

毒鸡汤也是一样的技巧——情理之中，意料之外。

例如：

年轻人，现在没钱算什么，以后没钱的日子还多着呢。

失败并不可怕，可怕的是你还相信这句话。

只要你每天坚持自习，认真刻苦，态度端正，忍受孤独，最终的胜利肯定是属于那些考场上发挥好的人。

例如，我的文章里有一段话：

你们不要认为我早熟，实际上我是晚熟，至于是五成熟还是七成熟，这要问我认识的熟人才知道。我从小天资并不聪慧，小学到初中，因为个子太高，就安排到最后一排，而最后一排大家都懂，凡是学习不好的同学都在那集中了。而我的兼容性又非常好，随遇而安，很快就和大家打成一片，但是我个子高，打起架来非常有优势，往往是对方拳头还没有到我面前，我的拳头已经到了对方身上。

其中“很快就和大家打成一片”，通常读者看到前面一段话，会认为我和同学们相处得非常融洽，但实际上这个“打成一片”，是打架的意思。

7. 从模仿开始

许多人喜欢读韩寒的作品，倘若你读过钱钟书先生的《围城》，便能发现韩寒的《三重门》和《围城》的相似之处，不同的是格局、环境、深度。

如果仅仅只是模仿，即使模仿到神似，也无法超越原作。艺术大家的作品能流芳百世，依靠的是开创先河，即使后人模仿得再像，也依然无法超越前人的高度。

以摄影来说，亚当斯的名作《月升》，后世无论多少摄影师在同样的季节、同样的地点、同样的拍摄手法，拍出来的作品，即使再美，卖出去的价格永远相差几个数量级。

所以模仿只是开始，而不是最终的目的。

模仿要理解作者为什么这样写。

鲁迅散文集《野草》中的一篇文章《秋夜》，开篇第一句是这么写的："在我的后园，可以看见墙外有两株树，一株是枣树，还有一株也是枣树。"

这样写的目的是为了让读者能够身临其境，跟随着文字仿佛也在望着后园，像是电影镜头从一株枣树移到另一株枣树，两株枣树必然隔着有些远，作者闲来无事，在院子里东看看西看看的感觉就出来了。试着对比这样写："在我的后园，可以看见两株枣树。"这样的写法显得单薄很多，读者并不能感受到太多信息。

我们觉得挺有意思，依葫芦画瓢，写出这样的句子："在我家门口的小巷子，停着两辆车，一辆是桑塔纳，还有一辆也是桑塔纳。"这种写法过于独特，一看就知道是模仿鲁迅的笔法，难免落了下乘。我们需要做的事情，应当是在前人的基础上做得更好，超越前人才是我们的目标。

每个人应该了解自己在写作上的优势和长处，并且找到自己的定位。想写小说还是写游记，想写评论还是写教程，想写随笔还是写时事点评，每一个领域都可以找到大师的作品来学习。

从现在开始，少写自己的心情，少写读书感悟，少写生活，简而言之，从自我的圈子里跳出来。从随意写作到专攻几个特定的领域，给自己一些时间，就能看到明显的变化。

做任何事情都有一个方法论，写文章这件事情，也是一个不断升级认知的过程。

从前我写散文，经常写得七零八落，像被打散的大米，满地都是。后来才意识到，散文是形散神不散。

一篇好的文章应该是想法（构思）+ 文法（展现）。

写作没有速成班，多写多思考，是为写作之道。

简单实用的链接式学习法

如何才能做到高效率地学习？先从学习的困境说起。

学习的困境

我们花费了许多时间精力，阅读大量书籍和资料，一旦需要给他人讲述某个概念或者知识的时候，却无法表述清楚，这是一种普遍现象，原因是我们其实并没有真正理解，学习不到位。

如果我们总是在接触新知识，没有停下来去整合实践，只会连续不停地往大脑里塞，那么我们的大脑很快就会堵塞。

做任何事情，都需要有个方法论，学习也一样。

在中国某个县域的小村里有个杂货店，给小店进货的厂商运营人员查看运营数据发现，这家小店的销售额增长很快，超出了80%以上的小店。运营人员专门前往农村调查，小店老板如何做到的。

老板采用“组合销售”的方法，把两样不同的商品搭配在一起销售，例如把鸡蛋和洗衣粉一起卖，鸡蛋0.2元一个，限购5个，必须搭配一袋5千克的洗衣粉，洗衣粉售价18元，组合后的套餐为 19 元。鸡蛋进价 0.6 元一个，洗衣粉一袋进货价 12 元，成本一共 15 元。等同于把卖鸡蛋亏的钱，在洗衣粉中赚回来。一共盈利 4 元。

因为鸡蛋对于消费者而言，属于通货、价格敏感型商品。大多数价格敏感型消费者都是通过判断价格来决定是否购买。这样就通过便宜的鸡蛋带动了洗衣粉的销售额。

小店老板这样一个土生土长的农村人，如何学会这些营销手法呢？

就是靠这台连接到互联网的手机。首先“怎样才能赚到钱”是他输入的第一个问题，很快有了答案——包含赚钱关键字的链接。他看了很多文章之后，又搜索了第二个问题“我想在网上卖东西，可是我不懂怎么做”，小店老板不断地尝试不同的搜索条件，从赚钱到销售再到营销，直到看到“组合营销”这个概念，才开始实践。

可以发现，这些关键问题都具有相关性。这位小店老板在互联网的链接中通过不断搜索相应的关键字来逐步定位到有用的答案，这也是一种学习方法，只不过应用方式有些初级和无意识。

我把这种方法的升级版称为**“链接式学习法”**。

链接式学习法的具体步骤

1. 带着问题学习

前文中所说的小店老板查找资料就是带着明确的问题。

如果没有带着问题学习，容易漫无目的。人的大脑具备指向性，当明确问题之后，大脑在学习过程中重点记住问题相关点，建立神经突触联系，巩固学习成果。

阅读是一种学习方式，上网搜索资料是一种学习方式，听课程也是一种学习方式。带着问题学习就像带着指路明灯。没有目的地学习，很容易在信息的汪洋大海中迷失，花了很多时间，实际上收获不多。

假如要学习写作，写作的范围太广，需要缩小到一个具体的问题上。比如“写作的基本框架是什么”“如何塑造人物形象”“什么是短篇、中篇和长篇”等。

假如想把文章写得更有趣，可以去找你认为有趣的作者的作品来读，找到那些让你抿嘴微笑或者捧腹大笑的片段来反复阅读，阅读过程要思考，例如“文字有什么特点”“规律是什么”“为什么会让你觉得有趣”。

把相关联的问题按顺序排列更有助于学习，人的大脑善于处理有序、规律的信息。

如果问题太大，请先将问题分解，分解为更小的问题，缩小知识范围，减少干扰，这样问题能够更为精准。

我在前文讲过，人的大脑喜欢立刻有反馈的事情，而漫无目的的学习，被动的阅读，很难得到立即反馈。但是带着问题去学习则不一样，目标精准，大脑能及时收到反馈，也更容易有乐趣。

让学习变成一种有乐趣的事情，大脑会喜欢，这也是为什么越来越多的教育行业倾向于在游戏中学习的原因。

2. 选择有效的知识来源

知识来源分为实体和数字两类。

实体是指各类书籍出版物等，优点是相对数字信息更为全面和深入、可靠（毕竟出版物需要审核）。数字类是指所有互联网化、数字化的信息和资料，优点是海量、查找迅速、方便、大多数免费、更具时效性。

两者优缺点互补，可以视情况结合。

买书之前，先到网上查找一下书评。在选择作者的时候，尽量选择两位在同一领域观点相左的权威、领军人物。**不同的观点，有助于提高看待问题的全面性。**

在网上搜索资料的时候，也有一些原则需要知道。

先国外再国内。国内的知识和资料有许多是搬运工们从国外的网站搬回来的，做了二手加工，首先时效性要慢一些，其次是经过翻译，难免会有信息损耗。国内的知识大 V 们比较喜欢这么做。所以英文阅读是一项必备技能，如果英文不好也没有关系，靠着翻译软件也大概能知道一点。

先广度再深度。用搜索引擎是广度，通过搜索引擎可以发现一些专业论坛或者网站，深度则是通过专业网站或论坛来学习更为深度的内容。

搜索引擎不仅仅是广义上的百度或谷歌，可以是微信的搜索框（在微信聊天主界面上方的搜索框，可以搜索任何内容）。

深度包括专业问答网站和百科网站以及专业论坛。

知识问答网站，国外是 Quora。Quora 是一个问答 SNS 网站，一开始采用邀请制，吸引了很多公众人物和明星大 V。Quora 此后逐步开放。国内知识问答代表网站有知乎，以及一些垂直领域的问答平台。

微信公众号也是资料和信息的集散地。遇上好的订阅号也可以订阅，接收最新文章。

百科类网站有维基百科和国内的百度百科，以及一些其他更为垂直的百科，例如 MBA 智库。

笔记类应用的公众号，会定期推送一些收藏最高的排行榜文章，在其中可以看到最受欢迎的文章有哪些，例如印象笔记和有道云笔记。

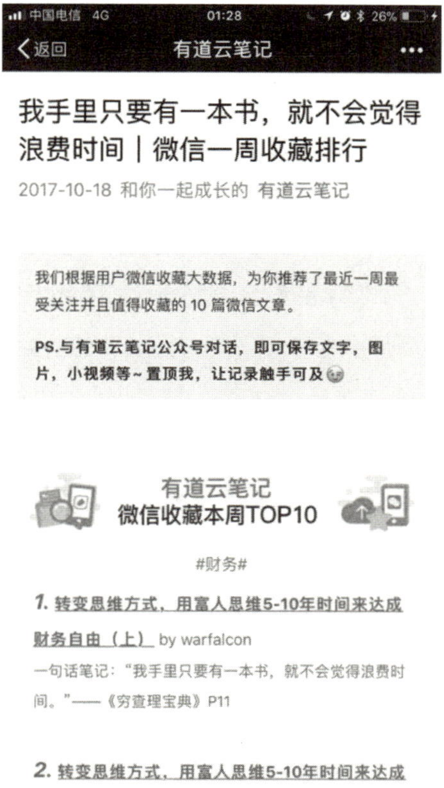

3. 知识关键点之间的跳转

《三体》是一本硬科幻小说，涉及很多物理学、量子力学、社会学、宇宙学、数学、历史、文学等方面的理论知识，有些朋友读起来感觉很吃力，遇到难懂的段落，会跳过去，只欣赏情节和人物内心活动，未免有些可惜。

书中提到，三体人将一颗质子从高维展开到低维，再在其二维表面进行蚀刻，完成计算机的制作。最后再将低维质子打包到高维的质子。

这里出现几个名词：质子、高维、蚀刻。我们先提出第一个问题：什么是质子?

百科的解释如下：

质子 (proton）是一种带 1.6 × 10−19 库仑 (C）正电荷的亚原子粒子，直径约 1.6 ~ 1.7×10=15 m ，质量是 938 百万电子伏特 /c² (MeV/c²），即 1.672621637（83.×10−27 千克，大约是电子质量的 1836.5 倍［电子的质量为 9.10938215（45.×10−31 千克）］，质子比中子稍轻［中子的质量为 1.674927211（84.×10−27 千克）］。质子属于重子类，由两个上夸克和一个下夸克通过胶子在强相互作用下构成。原子核中质子数目决定其化学性质和它属于何种化学元素。

这是作为一个概念的标准定义，我们不是物理专业研究者，可以忽略那些数据，只需要压缩提炼概念，记住“质子是比原子小的粒子，是基础物质，不可再分割”。

这里提到一个概念——压缩。压缩可以减少信息占用的体积，拿我们最常用的图片格式 JPG 来说，JPG 是有损压缩，这个有损压缩实质上是去除了那些人眼难以分辨出来的，或者是在不损伤画质太多的情况下去除了冗余信息。

我们的大脑也是一样，在资源有效、带宽有限的前提下，压缩信息，可以更有利于我们记忆和调取。

接着再依次去解决“什么是高维”“什么是超弦理论”“什么是蚀刻”等问题。

由此可见，**把名词当作一个链接，当遇上无法理解的名词或典故出处的时候，可以通过搜索引擎、百科等工具搜索。**再不断地增加新的名词，由此反复，直到相关的知识点都明白，而不是不懂装懂。

人类知识结构，呈网状和树状，网状更为复杂。对于我们，树状可以作为学习的结构，学习知识点之间的关联后，大脑会自动将知识点存储为网状。

4. 实践，尝试输出

了解、熟悉知识和理论之后，就要进行实践。写作是一种重要的加工方法，在前文已经详细地讲过了。类似的还有语言转述。

输出是对资料和信息结构化的过程。在梳理的过程中，逐步明确信息之间的逻辑关联，提炼知识和信息的重点。

学习不只是一段在脑子里完成的过程，只有当你真正将自己学会的东西变成实际行动时，你才是在真正地学习。

进阶：拓展知识的深入思考

如果找到需要的知识和答案，却没有进行延伸思考，那么我们的知识结构会变得十分有限，并不能和他人拉开距离（由于思维惯性，很多人没有意识到拓展思维的重要性）。

1. 知识的背景研究

知识因何而来，是什么原因产生的，结论来自何处；结论的实验是怎么做的，谁做的，为什么会这么做？

了解如上内容，是为了让大脑对学习的知识产生关联，加深理解。对于知识的相关背景了解得越多，越有助于记忆。同时也为后续的理解知识、知识应用打下基础。

2. 知识的纵向拓展

知识不会孤立存在，还有哪些类似结论，不同之处有哪些；同一时期还有什么发现，发现者在同一时期还发现了什么；同一领域还有什么发现，围绕这个结论还有哪些事实？

阿基米德原理和曹冲称象，这两者都是利用水来测量，一个是通过水来测量体积，一个是利用水来测量重量，殊途同归。但为什么曹冲称象之后没有去研究背后的原理呢？

思考有哪些现象可以用所知道的这个知识来解释。当你学习了经济学中的“心理账户”之后，哪些现象可以用这个知识来解释？

心理账户是芝加哥大学行为科学教授理查德·塞勒（Richard Thaler）提出的概念。

假如你要存钱买一个喜欢的相机，相机要 1 万元，你看了自己的收入和存款并不多，里面包含了生活费、房租等，如果拿存款去买相机会心痛或者犹豫，所以你决定省吃俭用，慢慢攒钱。这时候公司开年会，你忽然抽中一个特等奖 1 万元，这时候对你来说就是意外之财，很可能就直接去买相机了。这里存在两个心理账户：A 账户是自己辛苦工作来的钱，B 账户是意外之财 1 万元。花 A 账户会心疼，花 B 账户就很爽快。实际上两个账户的钱都是一样，但是被人为划分开来，导致消费态度的不同。

就像送礼物，同样买个最新款的 iPad Pro，给自己用属于日常开支心理账户，价格 6800 元很贵，但如果用来送给自己喜欢的人，就不会觉得贵。人们会根据用途来决定这笔钱属于哪个心理账户（日常开支心理账户和情感维持账户）。

思考这个知识可以用来做什么。

以“心理账户”中的人们对于优惠方式的不同感觉为例，商家小金额商品和大金额商品在表述优惠时选择的策略不同，对消费者的心理效应是不同的。高价商品促销宜采用绝对值优惠的表述，而低价商品促销则应采用相对值优惠表述。

比如一套价格 100 万元的商品房，开发商想通过让利方式进行优惠促销，与其说 9.5 折，不如说优惠 5 万元，这样对购房者会产生更便宜的价格感知体验。相反，如果某商品的原价只有 10 元，那么“半价出售”比“优惠 5 元”更能激发消费者的购买冲动。

3. 知识的横向拓展

月亮潮汐和摄影有什么关系？

作为摄影爱好者，大多知道福建霞浦是个摄影天堂，那里有美丽的滩涂，在光线的作用下，人、自然、滩涂构建成一幅幅油画。月亮潮汐和摄影听上去风马牛不相及，但在霞浦，这两者有很强的关联性。

月亮潮汐决定了海水的涨潮和落潮，水位的高低直接影响到滩涂的好看与否，水位太高，渔民不能下水打鱼劳作，水位太低，没有光影纹路。所以要拍摄好的作品，就要关注潮水水位。

技术创新和保密制度之间有什么关系？

中国在明朝已经开始装备火枪鸟铳，为什么后来没有全面进入到热兵器时代？

原因在于当时中国朝廷的保密制度，当时朝廷认为鸟铳杀伤力大，是一种神器，要作为杀手锏来保密，但是因为保密得太好，导致知道的人也不多，使用也非常少。

因为用得少，市场需求就少，导致钢铁锻造和火药的研究就没有必要，自然而然就无法推动技术创新，国内因此也没有出现相应的厂商和制造工艺的进步。这也是导致明清的衰败和没落的原因之一，武器不好，当然打不过列强嘛。

《魔鬼经济学》中讲到美国犯罪率上升和堕胎法案之间的关系，说当部分地区的堕胎法案通过之后，人们可以自由决定是否堕胎时，当地犯罪率下降了一半。

两者的关联在哪里？

大多数家庭或者个人选择堕胎是没有抚养的意愿或能力，那么法律不允许堕胎，会导致孩子生下来以后得不到应有的教育、监护和关爱，因此走上犯罪道路，提高了犯罪率。

有许多表面看上去风马牛不相及的现象，本质上却互有关联。往往只有少数人能够发现，而大部分人却从未思考过。这也是人与人之间的认知差别中的一种。

4. 持续保持好奇心

如果没有好奇心，就不能提出问题，不能提出问题，则无法深入学习。有好奇心，才有兴趣，兴趣是最好的学习驱动力。

探索知识和现象背后的原因，就能发现更深层次的本质，能够有效提升自己的洞察力。

人类从儿童到成年，随着对世界的了解，逐渐习以为常，好奇心会逐渐减弱，这是普遍规律。

人的大脑和肌肉一样，如果不经常锻炼，怎么能拥有智慧和好身材呢？

世界上那些取得伟大成就的人，他们和常人最大的区别在于永远保持好奇心，喜欢问为什么，而不是满足于现成的答案。

经典书籍的认知阅读法

以发展的眼光看问题

“士别三日当刮目相看”也适用于事物的发展。新事物虽然有很多不完善的地方，相比旧事物却有着不可比拟的优越性，而旧事物足够强大，有扼杀新事物的能力。例如电动汽车，刚面世的时候，大多数人认为这很好，绿色环保。虽然电比油便宜，但是充电慢啊，春节回老家在高速开到一半没电了怎么办？当时充电桩还非常稀缺，所以电动汽车叫座不叫好。

但这几年随着技术发展和市场的驱动，充电桩已经遍布市区各个停车场和小区，加上不断提升的充电速度，慢慢地，将会逐渐取代旧能源汽车。

这就是事物发展的过程。普通人只看到眼前新事物不完善的地方，看到许多困难。而成功的企业家却能看到更远，甚至一眼看到底。当普通大众都接受了新事物的时候，机会也消失了。

世界是永恒发展的，要用发展的眼光看问题。

认清历史局限性

我们现在看历史，都会想历史人物为什么会做出在现代人看来明显愚蠢的决策和行动?

未来的人们看现在的我们，同样会如此认为。我们做的决策，实际上是受我们过去所学的知识和过去的经验限制的，即认知的局限性。

三维世界里，任何事物都跑不过光速，有些事情在未来已经发生了，但我们永远不可能知道其存在。《三体》里有个名句：光锥之内即是命运。

从物理学角度来看，三维世界里，空间和时间实质上是切片，我们下一秒的自己都不是现在的自己，但我们可以感知时间的流逝，却不能回溯时间。

从四维空间来看三维空间，并不存在时间流逝的问题，四维人看到的是无数个空间和时间组成的三维切片，所以四维人可以看到三维世界的过去，看到三维的未来，四维人就是三维人的上帝。

看历史（只要过去了，就是历史），要记住，不要用现代人的思维去评判。要把自己放在当时的环境下，才能真正理解。

非黑即白的误区

我们看影视剧总要分辨出好人和坏人，编剧们也是这么做的，尽量让好人和坏人性格极端。这对我们实质上造成一种不好的思维方式。

好人和坏人符合我们的原始大脑思维，喜欢简化眼中的世界，以减轻大脑计算的负担。

看历史演义类的书，那些大忠或大奸的人物都和正史有很大不同，不要把演义当历史，真正的三国史是《三国志》而不是《三国演义》。同样，也不要把《西游记》和中国传统宗教对上号，只是借用个名号。

刘备并不是个只会哭鼻子的皇叔，作为一个草根出身卖草鞋的小贩子，能混到三分天下，自然不能小觑。诸葛亮也不是神机妙算，历史上的诸葛亮并没有被刘备太看重。阿斗也不是那个扶不起的阿斗，他可是靠自己的能力做了40年的蜀国皇帝。

从来没有非黑即白，你要学会接受中间的灰。

不是所有的经典都要读

大象公会有一篇文章《非必读经典》，把一些没有必要读的经典列出来。理由如下：

在涉及精神层面的成果时，我们很容易高看前人留下的遗产，认为今不如昔，但在学术研究上，今人无论是从方法论，还是大规模社会协作带来的数据、资料的搜集整理条件上，都比前人有压倒优势。

这些书不仅观点有问题，有些甚至还有毒，甚至被后来的研究推翻。

大部分人都听过弗洛伊德，甚至许多人还买过《梦的解析》，把它当作心理学入门书。由于弗洛伊德的年代过于久远，而且受到当时许多条件限制，里面很大理论都是空对空，没法证实也无法证伪——你当作玄学就好。

什么是科学？科学通常提出假说，然后证实，接着又被推翻，如此反复，直到无法推翻。

什么是玄学？无法证实也无法证伪的学问。比如在 HiFi 器材这件事情上，基本上都是玄学了。

现代心理学专业，课堂上老师拿弗洛伊德出来说事，基本上就是在告诉学生们什么是古典心理学。但你千万不可以看不起弗洛伊德，他十分了不起。弗洛伊德值得看，但一般都是心理学专业硕士、博士以上研究用。普通人看了容易走火入魔。

经典非但不是合格的入门教程，反而有着极高的门槛——一方面，前人的著作往往需要阅读者对其叙述语境有充足的理解，有强大的知识储备才能明白作者想要批判什么，阐释什么；另一方面，经典受时代所限，素材和方法多半陈旧，结论也早已被修正无数次，对直接了解事实本身并无益处。

不必读的经典还有很多，不小心读了也没关系，只要你在阅读的时候，用辩证的思维来读，有自己的判断，那就没关系。

那些不必读的经典著作，在今天饱受批判就是源于历史局限性，但在当时却很了不起。如今他们存在的意义，应该是为学者们研究观点和理论发展史提供参考。

经典之所以成为经典，一定是它在知识的纵深处拓展了人类认知的边界，而不在于它横向笼统地对所有人提供了入门指导。

阅读和研究，是两回事。

今天我们的经典畅销书，也许在未来百年以后，也会被批判得一塌糊涂呢。

书究竟怎么读

中国古典文学四大名著，恐怕最不像名著的就是《西游记》，完全可以当作讲述神仙妖怪的少儿读物。

一本少儿读物为什么能跻身四大名著？其中必然有其独特之处。

且听我慢慢说来。

第一章节的附录里说了唐僧的出身来历。陈光蕊是官方名义上的唐僧父亲，最初进京考试，夺得新科状元，新科状元要跨马游街三日，正好在丞相府路过，被丞相女儿温娇看见，见那新科状元颜值高，便扔了绣球砸中，于是当晚被丞相府拉去成亲，第二天又接到官府任命，去江州当市长，而且要求即刻出发。

于是新科状元陈光蕊带着娇妻和几个随从赴江州上任，但是在过渡口的时候，水贼刘洪看上了温娇貌美如花，于是把陈光蕊给杀了，扔到水里（陈光蕊此前放生过一条金鲤鱼，那是龙王变的，成了龙王的救命恩人，于是龙王把他给救了，安排他在龙宫里当个小官）。

水贼刘洪杀了新科状元，全盘接收了他的老婆和入职任命书以及官服，往江州上任去了。

书上是这么说的：

途路艰苦，晓行夜宿，不觉已到洪江渡口。只见稍水刘洪、李彪二人，撑船到岸迎接。也是光蕊前生合当有此灾难，撞着这冤家。光蕊令家僮将行李搬上船去，夫妻正齐齐上船，那刘洪睁眼看见殷小姐面如满月，眼似秋波，樱桃小口，绿柳蛮腰，真个有沉鱼落雁之容，闭月羞花之貌，陡起狼心，遂与李彪设计，将船撑至没人烟处，候至夜静三更，先将家僮杀死，次将光蕊打死，把尸首都推在水里去了。小姐见他打死了丈夫，也便将身赴水，刘洪一把抱住道："你若从我，万事皆休；若不从时，一刀两断！"那小姐寻思无计，只得权时应承，顺了刘洪。那贼把船渡到南岸，将船付与李彪自管，他就穿了光蕊衣冠，带了官凭，同小姐往江州上任去了。

去了江州，没过多久，温娇小姐就生了唐僧，刘洪市长回家一看见这个婴儿，就要扔到水里淹死，小姐说今日天色已晚，不如明天丢到江里。第二天小姐就带着婴儿到江边，放在木板上，写了血书，让婴儿漂流下去。

结果有个高僧救了婴儿，取名江流儿。养了18年长大成人，于是把血书给江流儿，江流儿当然是先蒙了，然后大哭，最后大怒。于是回到长安外公家，外公立刻派兵到江州抓到刘洪。刘洪被抓后，小姐见到父亲羞愤难当，就要上吊自杀，所幸被拦下。

丞相直入衙内正厅坐下，请小姐出来相见。小姐欲待要出，羞见父亲，就要自缢。玄奘闻知，急急将母解救，双膝跪下，对母道："儿与外公，统兵至此，与父报仇。今日贼已擒捉，母亲何故反要寻死？母亲若死，孩儿岂能存乎？"丞相亦进衙劝解。小姐道："吾闻妇人从一而终。痛夫已被贼人所杀，岂可面见颜从贼？止因遗腹在身，只得忍耻偷生。今幸儿已长大，又见老父提兵报仇，为女儿者，有何面目相见！惟有一死以报丈夫耳！"

刘洪被抓了之后就被送入法场，活剐心脏，在江边祭奠陈光蕊。

龙王看见陈光蕊的岳父岳母都出来祭奠他，估计大仇得报，于是让陈光蕊还魂复活。小姐在江边见到丈夫，一家人团聚。没想到第二天，小姐就从容自尽。

与我少年时读此书一样，大多数人看到这里，多半有两个反应：一个是完全不去思考其中看上去的破绽百出，或者说根本没有发现；另一种反应是，这作者也写得太烂了，这样的情节明显不合理嘛。

这里隐藏着一个惊天秘密，唐僧的亲生父亲应该是水贼刘洪，而不是陈光蕊。

为什么这么说，这章节有几个疑点。

1. 丞相的女儿为什么要抛绣球，而且当晚立刻成亲，第二天就要上任?

状元最多是个市长级别，宰相都不一定看得上，别说皇帝了。公主嫁的不是皇亲就是功臣勋旧，哪里轮得到你一个候补市长。皇亲国戚家的官二代考科举的少之又少，中状元的概率比当驸马还低。即使在明清时期，状元进入仕途，最后做到省部级高官的，比例才 25% 左右。

丞相如果要找女婿，如果不是急着把女儿嫁出去，何至于抛绣球这么儿戏，还当晚成亲，第二天早早安排上任。显然是家丑不能外扬，女儿有孕在身，而对方至少是个势力和丞相旗鼓相当的家族，双方家庭可能因为敌对而不能联姻。

2. 一个水贼能去江州当市长，当了 18 年，还治理得相当好?

刘洪是个艄公，当起了水贼，能有多少教育水平，见过多少世面。你我都知道，官场上讲究的东西太多了，如果不是从小耳濡目染，普通家庭哪知道这些。刘洪居然能从容去江州上任市长，还能混得风生水起，除非江州市政府都是傻子，能让一个水贼管理 18 年。

刘洪就是那个公子哥啊，官二代。他在打死陈光蕊之后，小姐要跳江，他一把抱住小姐说：你若从我，万事皆休；若不从时，一刀两断！这里头有意思了，万事皆休，指的是不计较小姐和陈光蕊的婚事。一刀两断，就是分手。小姐不怕死，就怕情郎分手。

丞相去抓刘洪的时候，还找皇上要了 6 万御林军，说明刘洪家势力非同小可。

3. 小姐为什么 18 年里，不逃出去通风报信给丞相？

小姐和杀夫仇人刘洪待了 18 年，随便找个人去娘家通风报信都行，可是她没有，说明她心甘情愿和刘洪过了 18 年，这正好解释了双方之前的关系。

4. 刘洪为什么见到刚生出来的婴儿就要淹死？

因为刘洪此时扮演陈光蕊的角色，而陈光蕊和小姐成亲才 3 个月，这孩子生下来，岂不是一切都穿帮了，所以即使是自己的孩子也不能要。小姐其实也舍不得自己的孩子，但考虑到会给情郎带来麻烦，也忍痛去江边弃儿。

5. 小姐为什么见到丈夫陈光蕊复活就要自尽？

小姐曾说过：“吾闻妇人从一而终。”情郎刘洪死了，儿子江流儿（唐僧）对她和杀父仇人生活 18 年不报仇的事情肯定有怨言。陈光蕊能考到状元，智商不算低。所以小姐从容自尽，对大家来说也是个优选方案。

以上，如果读书不思考，那么《西游记》读起来就是儿童读物。这话不是我说的，是吴闲云在他的书《煮酒探西游》说的，推荐大家都去看看这书，挺有意思。要注意的是，我们不应当关注此书中的推理结论，而应当学习作者的推理方式。书如果不仔细读，囫囵吞枣，那不如不读书。

最后，在阅读不同领域经典书籍时，可以在领域内寻找两位顶级的代表人物，这两位最好持有不同观点，这样你就可以从不同角度来看事物，避免以偏概全，养成良好的思维习惯。

如何高效阅读

每天阅读500页。然后你会发现知识是如何起作用的。它的威力就像是复利。

——巴菲特

林语堂在《读书的艺术》中说，读书不应该只以改变心智为目标，否则失去了读书的乐趣。

林先生说这些话的年代，是个什么都慢的年代，车马很慢、书信很远，没有社交工具，认识不到几个异性笔友，一生只能爱一个人。他认为改变心智是一种急功近利的表现。但在我看来，一个人如果不改变心智，何以能找到乐趣？改变心智，何尝不是一种乐趣？

或许林先生的本意是读书不应该急功近利。

为什么要阅读

有人三日不读书，便觉语言无味，面目可憎。有人买书如山倒，读书如抽丝。一千个读者就有一千种不同的读法。我们为什么要阅读，不仅仅是书中自有黄金屋和颜如玉。

阅读能够认清自我。知道自己属于什么层次，还欠缺什么。

1. 不知道自己不知道（自以为是）

2. 知道自己不知道（求知探索）

3. 知道自己知道（探索规律）

4. 不知道自己知道（空杯心态）

如果要算知识经济时代最常提起的词汇，**“发现事物本质”**算是一个。这种能力就像有了孙悟空的火眼金睛，一眼就能看穿妖魔鬼怪的真面目。我们没有火眼金睛，要想发现本质则需要思想有足够的深度，要做到思想有深度，前提是要多阅读。

如果不阅读，视野难以拓宽。受时间和经历的限制，人的格局有限，即使思维能力再强，缺乏素材的思考难以提升认知，好比巧妇难为无米之炊，而阅读能为思维加工提供素材。

阅读能够对心智进行改变，但阅读不仅仅是为了改变心智。改变心智应该是获得阅读乐趣之后的附属产物。

读书给予我们独处的时间。要想仔细品味一本书，最好的方式是把手机关闭，或者放在不能随手拿到的地方。把时间留给自己，沉浸在书本的世界里。

碎片化阅读让人越来越焦虑，整块的读书时间，可以治疗焦虑。

越优秀的人越读书。在获取他人的人生阅历、知识上，还有什么比阅读成本更低的方法吗？没有。相对于普通人，精英更善于理解抽象概念，更愿意探索未知，更愿意学习和阅读。

在信息时代，一条信息传播越广，那么信息的深度则越浅。**真正有深度的信息都还在书本里。**这从一本书从写稿到出版中间要经过多少工序就能知道，互联网上的某些信息内容仍然有待考证。

阅读前的准备

1. 判断这本书对你的价值

每一本能够上架销售的书都有价格，但是对每个人的价值不尽相同。你在豆瓣或者其他专业点评网站看到别人对于某本书的评价非常高，如果有可能的话，购买之前最好先去书店翻阅一下。

这本书和我有什么关系？对我有什么启发？是我现在用得上还是将来用得上？

阅读之前翻阅目录，有一些书籍，看看目录基本上可以不用阅读了。这一类的书籍，核心都写在目录里，至于其他的内容，更像是填充物，是为了让读者更好理解。

2. 只读好书：容易读、有内涵

我对一本好书的定义是，写得深入浅出，通俗易懂同时不失内涵。

通俗易懂考验的是作者对于事物的了解程度以及直达本质的能力。有内涵意味着思想有深度，有深度则不容易通俗易懂。能够符合其中一种已是难得，二者兼具实属少见。

如果一本书你读起来有难度，有可能是这本书写得不够好或者不适合你，如果是外文书就要看是不是翻译得不够好。

读过《穿越平行宇宙》之后，我认为这本书符合好书的定义。

先来看看自带光环的作者简介：

迈克斯·泰格马克：

1969 年出生于瑞典。本科毕业于斯德哥尔摩经济学院与瑞典皇家理工学院物理系，之后在加州大学伯克利分校物理系攻读了博士学位。

MIT（麻省理工学院）物理系终身教授，平行宇宙理论世界级研究权威。《科学》杂志"2003 年度突破奖"第一名获得者，被誉为"最接近理查德·费曼的科学家""当今最具原创力的物理学家之一"。

未来生活研究所（Future of Life Institute）智库创始人，致力于人工智能方面的研究。

这本书英文名直译是《数学宇宙》，从宇宙大爆炸开始说起，一直说到最后他的一个猜想——第四重宇宙的本质是数学结构。中间穿插了很多图，也列举许多生动的例子解说深奥的量子力学。我第一次见到一本书只用了几百字就诠释了量子力学著名的思想实验"薛定谔的猫"，从而让读者真正理解量子力学是怎么一回事。

一本宇宙物理学科普书籍，在内涵上能够上升到哲学层面，这也是少有的让我看的时候不会昏昏欲睡的书。

3. 要不要读解读版

解读版也可以称为浓缩版、精华版。

知识付费 App"得到"里有"每天听本书"这样的产品，本质上是把提炼的干货读给你听。迎合的是消费者急功近利的心理，希望用最少的时间，而且是碎片化的时间来吸收知识。

解读版用来了解书的概括是个不错的选择，同时也能帮读者增加谈资，有助于做购买决策，可以让读者了解文章的中心思想，但我们同样不能忽略被精简部分的文字。

一本著作里面包含那么多内容，相信大多数作者都不只是为了凑字数骗稿费。知识也是由点、线、面构成。如果仅仅把书中的关键点、结论摘出来，表面上节约了时间，实际上是以牺牲读者的理解为代价。

被解读版压缩的内容实际上是那些辅助你理解的内容，包括来龙去脉、前因后果、背景、推理过程等。

如果说阅读原著的知识吸收率有 8% ~ 10%，那么解读版的吸收率可能只有 1% ~ 2%。

高效阅读的原则

1. 最好的阅读动力是兴趣

无论是为了解资讯，还是为了提升自己，不管出于什么目的，最好的阅读动力都是兴趣。

如果你认为一本书有价值，决定要阅读，那么在读之前，可以先预设读完这本书的收获，能够为你带来什么，这么做可以让你的内心不再抗拒。

我们读《围城》，可以感受到钱钟书幽默的文笔，在获得欢乐的同时进行深层次的思考。

我们读《未来简史》，可以突破对未来的想象力，未来之所以是未来，是因为无法预测，满足我们对未来的好奇心。

我们读《穿越平行宇宙》，可以看到宇宙物理学的发展简史，能够轻松理解高维宇宙和多重宇宙，关于量子力学的深度解读，能够解答难以理解的粒子多态性，以及为什么会有时间流逝的幻觉。

2. 区分事实和观点

事实指的是客观存在的一切物体与现象。“北京是中国的首都”，这是一个事实。

事实有真假之分，但没有对错之分，没有好坏之分。事实分为可证伪及不可证伪。

观点是观察事物时所处的立场或出发点，分析事物利弊和适用性的表达。“在北京很少见到蓝天白云，堵车太严重，实在不是一个适合居住的城市”，这是一个观点。

有些观点没有对错好坏之分，例如个人的感官体验、喜好。有些观点有对错之分，例如经过思考的观点。

观点受主观影响，而事实不受主观影响。区分两者，是批判性思维的基础能力。

读事实类（知识）书籍，既然是事实，那么我们不需要去怀疑其正确性，这时候需要读者去启动记忆力，对书中的内容进行对比。

读观点类书籍，我们就要进行思考：

作者想说明什么？

我理解作者表达的观点了吗？

这些观点有哪些是经过验证切实可行的呢？

3. 发现问题比解决问题更重要

阅读一本书，找出书中的问题。这是一个比较高的要求，如果你比作者对文章中某些内容认知程度更高，这是一件容易的事情。但如果你对于这一部分内容不了解、不熟知，那么发现其中的问题就有难度。

这需要我们在阅读的时候进行一些思考，从逻辑上找出问题。毕竟作者在撰写内容的时候，难免会有疏漏。这也是读书不能全盘照搬的原因。

尽信《书》，则不如无《书》。吾于《武成》，取二三策而已矣。仁人无敌于天下，以至仁伐至不仁，而何其血之流杵也？

——孟子

孟子读《武成》，对于一些前后矛盾的内容持保留态度。武成是《尚书·周书》篇名，记载的武王伐纣的事件经过，作于公元前 1046 年。

《尚书》中描写武王伐纣时，写道：“罔有敌于我师，前徒倒戈，攻于后以北，血流漂杵。”孟子对此表示不理解。孟子认为，武王伐纣是以正义讨伐不正义，又有商军前阵倒戈，应当势如破竹、摧枯拉朽才对，如何能够打到血流漂杵的地步？如果血流漂杵不是描写战争场面，那么就是武王大军进行了屠杀。因此孟子表示这里是《尚书》写错了，相信它才见鬼，所以有了“尽信书不如无书”的评论。

实际上商纣王（帝辛）并非残暴之君，只是他多次征伐东夷，加剧了国力的损耗。在周武王与他的决斗牧野时，由于长时间的战争导致了士兵的群体倒戈，最后败给了周武王，其实不是帝辛残暴，而是周武王捡了一个软柿子。周武王打败了帝辛之后询问姜尚他应该如何处置前朝旧部，姜尚回答：“爱屋及乌，如不爱应全部毁之。”

一本书的作者会局限于当时的环境、人文社科发展、自身的水平。读书要结合当时的整体历史环境来读，才不至于有错误的理解。

如果产生了怀疑，就要多找几本有代表性的书籍，或者是利用网络搜索相关资料，来澄清疑问。

4. 培养发现问题的能力

人类和动物的区别在于会使用工具，在发现问题这个维度可以采用前文讲到的 5W1H 法。很多人可能知道，但没有去使用。

一般说来，文章都包含这些要素。那么我们在阅读时，该如何运用呢。继续以《武成》为例。

何人（who）	有哪些人物	武王
		商军 17 万人左右
		商纣王
		周人和同盟 3000 人
何事（what）	发生了什么事	武王讨伐商纣
		商军群体倒戈
		武王屠杀商军了吗？
何处（where）	在哪里发生	朝歌（商首都）城外的原野——牧野（今河北新乡）
		朝歌
何时（when）	什么时候	公元前 1046 年 2 月 1 日
为何（why）	有什么疑点	军队数量相差悬殊，为什么武王能够打赢这场战争
		武王是怎么知道商军主力正在东征
		商军临阵投降为什么还血流飘杵（流血漂杵，是一路都在不停下雨，血水混着积水）
		纣王为什么败得这么快

怎样（how）	怎么做到的	商军内部有间谍
		武王趁虚而入
		商军已被策反，所以 17 万大军和武王一同攻打朝歌
		朝歌的首都当时是没有城墙的
		武王伐纣选择进军的路线和时间，在 11 月底到第二年 1 月之间，中间大部分行军路程是在严寒冬季。而且在这个过程之中，大部分都是没有人烟和城市的地方，绕城而过。所以朝歌被打了个措手不及。纣王只能够动员奴隶在牧野进行决战，事实上大概就在朝歌被攻破没几天，商军的前锋部队就已经回到了朝歌，然后被击溃。
		商军已经投降了，但是还有坚守在朝歌的商纣的中坚力量反抗导致激烈的战争

这个表格的内容比之前多了很多内容，是因为我们在思考的过程中，产生了问题，然后根据这些问题翻阅相关资料，得出自己的结论。

这样的阅读会让你记忆深刻，关键知识点因为经过自己的整理和输出，能达到 90% 的知识留存率。

5. 泛读好还是精读好

这个问题没有标准答案，因人而异。如果你博览群书，那么你已经有自己独特的见解和较宽的知识面，这时候可以针对某一本书进行精读。

如果你阅读量很低，在某个分类中（例如小说、人文、社科等）还没有达到 20 本，此时基础薄弱，建议从泛读开始，先建立一个基本的了解。

阅读一些观点类书籍，最好是找两本该领域内作为对头的两位知名作者的代表作，看看观点不同的对决，兼听则明。

泛读提升的是量，精读提升的是质。

6. 边问边读

一边阅读，一边发现问题，就是边问边读。

边问边读意味着是读者和作者之间的双向交流，在这样的互动下，知识留存率可以提高到 50%。

不加思考的阅读属于单向输入，知识留存率只有 10%。

7. 不同的书应该有不同的阅读方法

小说类书籍适合沉浸式阅读。每部小说都是作者构建的虚拟世界，读小说就是去体验一个用文字搭建的世界，那么我们应该让自己全身心地投入，顺着文字想象场景，想象时代的背景。读小说最大的收益，莫过于对于人性的理解。

一部好的小说写作的时候通常都会遵循“渴望、冲突、解决、结局”的思路，阅读时有意识地进行分辨，会更有助于对情节的理解。

不是所有的小说都以情节著称，有的文字优美，也有的是对现实的映射。所以在阅读前，不要想当然地认为好的小说情节都好看，没有期望就没有失望。

很难用几句话描述出小说的精髓，尤其是文学名著。你试试把《战争与和平》用几句话描述一下，就知道难度有多大。但是《未来简史》这样的书就容易描述。

如果要阅读经典文学著作，尤其是《百年孤独》这样的，不如打开电脑，先把人物图谱、关系图、第几代画出来，更有助于理解。读《红楼梦》也是一样，出场人物太多。没有厘清人物关系的情况下继续读只会越读越迷茫，最终因怀疑自己而放弃。

哲学类书籍以年为单位读，像是跑一场马拉松，需要的是耐力和时间。哲学书籍往往没有现成的答案，如果希望直接看作者给出的结论，那么未免有些买椟还珠。哲学最精华的部分，就是那些思辨的过程。你要做的，就是和作者一同思考。

读不下去是正常的事情，实在读不下去的时候，先放到一边自行思考。把时间放长一些，读哲学的效用就是让你学会批判性思维。

读历史类书籍，不用刻意强记事件发生的日期，历史的重点并不在于某个具体的日期，当然，应付考试的除外。历史都是由胜利者书写，从来没有一个胜利者会说失败者道德高尚，只会说失败者失信于天下。历史应该关注事实，而不是关注观点和评价。

把历史当作小说来阅读，以史为鉴，可以明得失，知趋势。来看看亲王是怎么读历史的：

读史书是一项立体多维工程，不能孤立、割裂地去读，前后延展，牵涉极多。想读汉代历史，先秦史不得不有所涉猎；想研究三国，前面汉代豪族和后面南朝世家门阀都要了然于胸；要搞清楚宋代抑武之事，须上追五代藩镇，再追中唐节度使，再溯安史之乱前后，直至初唐用武、隋代军功乃至北魏六镇渊薮，一条主线联络数百年，因果昭然，不可轻忽。这还只是政治史一条维度，其他维度如经济结构、生产方式、组织类型、社会民俗、器具用法、典章制度、文艺风气、气候、地理，等等，无不对当时人的行为造成影响。

史书上的每一个事件，必然都是多重因素复合促成。单读史书，只会看到“某人到某地做某事”的叙述，只有叠加几个维度上去，才能明白其背后的动因。比如北方游牧民族数次大规模南下侵袭，若叠加气候曲线，会发现它们都发生在寒冷期，再进一步深究，会发现与15英寸雨量线的移动密切相关。气候影响地理，地理影响经济，经济决定政策，政策推动军事，再回过头读相关史书，就会有豁然开朗之感。

——马伯庸

普通人很难做到马伯庸这样的读法，这已经是研究历史的技术活了。除非你不满足“某人某时在某地因为某些原因做了某事”，乐趣也在于抽丝剥茧，还原历史真相。这也是学者们的阅读和研究方法。

实用性书籍阅读，我们需要的是把知识转化为自己的能力。那么找到原理和规则就很重要。

我们试着思考一下：

首先，作者的目的是什么，写作出发点是什么，基于什么样的情况写了这本书？这本书的目的是什么，是帮助读者掌握某项具体的技能，还是帮助读者达到什么专业水平？

其次，作者建议用什么方法达到这个目的？换句话说，是作者的方法论。

方法论，就是关于人们认识世界、改造世界的方法的理论。它是人们用什么样的方式、方法来观察事物和处理问题。概括地说，世界观主要解决世界“是什么”的问题，方法论主要解决“怎么办”的问题。方法论是一种以解决问题为目标的理论体系或系统，通常涉及对问题阶段、任务、工具、方法技巧的论述。方法论会对一系列具体的方法进行分析研究、系统总结并最终提出较为一般性的原则。

这个方法论就是作者的“道”，作者使用的方法包含了什么原理，是按照什么规则来达到目的，这是我们需要去关注并思考的核心内容。

8. 难懂的地方跳着读

跳读通常用来抓取文章大意，但是我会用在看不太明白的段落。但如果一本书读下来，基本上都是跳读，那就说明这本书在当前阶段还不适合你，不过这也没关系。

我读刘慈欣的《三体》的时候，这本书还没有流行起来，作为硬科幻的代表作品，里面有很多宇宙物理学的概念，例如弦论、数学上的十一维度。

这里的几个概念都很难理解，所以当时我是不求甚解跳读过去，等到后来读了《穿越平行宇宙》，并且下载了一个《四维空间》的游戏，里面说到低维度世界是高维度世界的投影，才逐渐理解。

跳读这些难以理解的内容，并不会影响阅读整本科幻小说的体验。毕竟这不是科普书籍，我们也不是科研工作者。

9. 同时期三本书交叉着阅读

一个时间段内只看一本书，未免有些单调。

三本书分别属于不同的分类组合，每一本属于一类，例如一本小说，一本哲学，一本经济学。关键是要有兴趣，类别不同就好。

无论哪一本看累了，或者看不下去的时候，可以换个其他风格让大脑切换下模式。

10. 睡前两小时阅读

阅读时间因人而异，我比较喜欢睡觉前两小时，一来这时候很少有外界的干扰，手机开始静音放在手拿不到的地方，最好是放在隔壁房间。二来如果看一些难懂的内容催眠效果奇佳，能够保证挨着枕头就能立刻睡着。

阅读之后

1. 检验读书效果

尝试用 300 字左右描述本书内容。记得语文老师总是会要求总结中心思想，实际上这是锻炼大家的归纳总结能力，考察对内容的理解程度。

虽然这种方法让很多同学不是很喜欢，从人类天性来说，需要思考的活儿从来都不会讨人喜欢。

能否清晰地向他人转述。尝试用自己的理解梳理书籍的脉络，并且化繁为简，将书中的内容条理化、清晰化、通俗化。

2. 整理输出思维导图

输出的内容可以是书籍的要点，也可以是你自己的思考。在认知能力中，输出是一项重要的步骤。只有完成这一步，阅读的效果才能达到最大化。

关于阅读的认知清单

1. 不同的书有不同的读法。

2. 你是人，不是计算机，不需要记下所有内容。

3. 下意识的实践阅读技巧很重要。

4. 没有必要试图理解所有内容。

5. 没有必要试图记忆所有内容。

6. 读书在于质而非量。

7. 读什么书很重要，要明确自己读书的目的。

8. 适当的略读更为高效。

9. 阅读的时候减少干扰。

10. 阅读速度并非一成不变。

提升思维和洞察人性的阅读

读哲学，能拥有洞察世间万物的思维基础，读文学，能洞察人性。在思维和人性两个基础之上，再学习其他学科，往往能事半功倍，举一反三，触类旁通。

这就是为什么其他书可以先不看，首先要读哲学和文学的原因。

比如睡眠这件事，多数人认为睡眠只是让大脑和身体休息，睡得少只不过第二天会没精神。**事实上睡眠时大脑同样高速运转，它在整理你白天吸收到的信息，存储你关心的重要事情。**

睡得少了，自然没办法及时整理存储信息，这也是为什么睡眠少会导致记忆力下降甚至变笨的原因。

哲学是用来抽象世界的科学

记得有人说，企业家最应该看和最喜欢看的书首先是哲学，其次是文学。人人都想做企业家，不想做文学家，因为企业家有钱啊，可以任性地买买买，文学家只能任性地写写写。

哲学是什么？哲学是研究科学的科学。这么说有点绕口，换个说法：哲学研究这个世界是什么样的，用抽象的概念来研究具象的事物。

哲学的作用在于架构世界观，改变你对世间万物的根本看法。平生我最怕遇见哲学专业人士，若是问他，哲学是什么，他多半会告诉你，这是一个哲学问题。

作为计算机和经济学双学位科班出身的我，总是被人认为精通修电脑重装系统和预测股票走势。假如有时光机，我一定会去学哲学，反正没有人知道学哲学可以干什么，自然也不会找我帮忙做这个做那个。

哲学一词译自“philosophy”，字面意思是“爱智慧”。哲学主要是对自我和世界做最根本的探究和反思。古代希腊、印度、中国等文明都产生了自己的哲学，如今以古希腊为源头的西方哲学发展最盛。哲学的主要分支有形而上学、认识论、逻辑学、伦理学、美学、政治哲学、科学哲学、心灵哲学等。

如此说来，企业家用哲学思想观来看待企业和行业，就会有不一样的看法。

这很好地解释了为什么你总是看不到老板们在干活，或是在做具体的事情。他们通常都是在思考，要不然就是在准备思考。如果你的老板总是在做具体的事情，相信我，你的老板会因为太关注细节，而丢了全局。

但作为中层员工和基层员工，千万不能在工作时间过多地思考，因为你如果太关注全局，就会丢了饭碗——你的老板会认为你无所事事。如果你觉得前面几句话有点高深，那么这就是关于工作的哲学。

理解现象的背后是洞察人性

文学是什么？**文学是语言的艺术。最好的文学作品，都在深刻地揭露人性。**无论是做产品，还是做生意，做任何事情都离不开人，那么理解人性就变得非常有必要。

为什么交通肇事者在撞到人之后反而会反复碾压，因为死亡赔偿比医治受伤者的费用低。人性中丑恶的部分在这里体现得淋漓尽致。

为什么公司制定了员工迟到的罚款机制，反而迟到的人数更多了，因为大家认为反正可以用钱买，员工和公司两不相欠，也没有愧疚之心。

不打卡的公司加班的人数明显要比打卡的公司加班人数要多，是因为打卡制度让员工对上班时间有明显的心理刻度。到点就走，心安理得。

为什么富人更喜欢加班，而不是休假。因为富人的收入高，休假的成本要算上机会成本（因为休假导致的收入减少），会导致休假的成本增加。长此以往，工作越来越勤奋，成功的几率越来越高，财富也越来越多。

以上都是在说明经济现象的背后都有人性的原因在其中。由此可见，洞察人性的重要性。

当你在分析企业或者行业的经济走向时，发现分析结果、数据和现实不一致的时候，就要扔掉那些经济学里的理性人思维，从心理学的人性出发，往往就能发现真相和现象背后的原因。

《微观经济学》中，用以举例和研究的对象是理性人，但是现实中的人往往非理性，所以需要对大量的数据进行分析之后再对人性进行洞察。

书中有段话非常好，摘录如下：

人类的变现并没有想象的那样崇高，但也没有那么邪恶。我想，这才是领悟经济学和其他科学的中心，也是理解各种矛盾的、错综复杂的现象的根本。我们过去习惯与用英雄人物的行为来否认人性利己的论断，但现实中许多丑恶的行为又让我们困惑。这种人性的两面性的论述则有助于我们在困惑中找到一条正确的认识事物之路。

微信之父张小龙，作为产品经理中的神祇，他一直推崇人性为王。微信为什么这么成功，其中摇一摇、附近的人、朋友圈、短视频，哪一个不是迎合人类的贪嗔痴?

阅读文学也能够洞察人性

当我们阅读优秀的文学作品时，是在读什么？文学类作品，尤其是小说。从小说可以看到浓缩的人生历程，跟随小说的情节发展，去体会其中不同人物的喜怒哀乐、七情六欲。

《百年孤独》的故事发生在虚构的马孔多镇，描述了布恩迪亚家族百年七代的兴衰、荣辱、爱恨、福祸和文化与人性中根深蒂固的孤独。其内容涉及社会和家庭生活的方方面面，被公认为魔幻现实主义最具代表性的作品。

读这样的小说要极具耐心，要明白自己读的是什么。大部分人对这样的小说容易敬而远之，如果你愿意沉下心来细细品读，将会有不一样的收获。

《三体》系列中，几乎所有的谋略都离不开人性。阿西莫夫的《基地》系列，书中说的“宇宙社会学”，则是描述人类群体中的人性对宇宙中星际文明的兴衰的影响。上千年的谋略和策划，都是基于人性。

阅读小说最大的好处就是，以学习洞察人性之名，名正言顺地看。

万般皆下品，唯有读书高，从今天开始，你可以心安理得地看小说了，这不是在浪费时间。

在哲学中升级思维

苏格拉底说，**未经审视的人生是不值得过的。**

如此说来，许多人的人生都是在浑浑噩噩中度过，不知道为何而活着。也许这样说有些偏颇，但我们中的大多数人，都是用世俗的成功来作为人生的目标。

你知道自己真正想要的是什么吗?

想不想让自己拥有一种全新的生活态度?

哲学不像任何一门其他的学科和技能，学习之后立刻能帮你找到一份好工作，恰恰相反，哲学毕业生，刚毕业很有可能就要面临失业的风险。

但是哲学可以让一个人用理性去思考问题，能够打下坚实的基础，让人变得更为智慧。

哲学是指出日常生活中最平凡的事物表面之下潜藏的奇异和奥秘。

——罗素

哲学是系统化的、理论化的世界观。

学哲学有什么用

很多道理不用学习哲学也可以懂，但是懂的往往是表象。

人们都应该有一座自己的精神灯塔。

哲学是思辨武器，把哲学引入你的理论之中，就好像把硫加入橡胶之中，使之更有弹性。学哲学会对一个人的思维带来极大的改变：**思想的开放性、思维的批判性、思考的逻辑性。**

哲学发展的过程中，有各式各样的流派，每个流派都可以应用在不同的领域，例如二元论，用在心理治疗上，加强人们的精神防御力量。

哲学中的非形式逻辑，让你思维清晰，瞬间找到对方言语中的漏洞，明辨是非。

学哲学还有很多好处，但要学好哲学不容易，因为要动脑，人们喜欢动手，却不愿意思考。

从古希腊哲学到形而上学

古希腊的哲学家最初十分讨人嫌，如果要对西方圣贤苏格拉底的人生概括，那么只需要两句话就够了：他喜欢问别人问题，然后被判处死刑。

苏格拉底一辈子做得最多的事情就是问问题，专挑别人的漏洞，每次都把对方问得无言以对。假如苏格拉底跑去西藏拉萨的大昭寺广场，那里聚集着无数想要净化心灵的游客，我估摸着应该有两种可能：一种是苏格拉底问的问题正好能够给游客们醍醐灌顶，深受游客喜爱，还有一种最终让游客们发现原来无论在哪里都可以洗涤心灵，于是恼羞成怒，报警把苏格拉底抓起来。

苏格拉底不像一般人问问题，比如你正慵懒地坐在八廓街的墙角晒太阳，忽然身边蹲下一个人，把你的阳光挡了点，你一下有些不开心。然后你们开始闲聊，聊得比较开心的时候，他忽然问你："你说，什么是知行合一？"

你心想这哥们这都不懂啊，于是你本着助人为乐的精神传播知识，耐心解释王阳明是谁，然后讲格物致知，最后龙场悟道得出知行合一的理论。没想到，他听着听着突然抓住你的一个漏洞："你这样说不对吧？"无论你怎么回答，他总是能不断追问，问到最后你肯定就崩溃了。

最关键的是，苏格拉底发自内心不是来抬杠的，他是来追求真理的。可普通人不这么认为。由于宗教的原因，苏格拉底被指控不敬神、思想反动，上了法庭，最后被雅典的陪审团（几百个老百姓组成的）高票判为有罪，可想而知苏格拉底平时到底得罪了多少人。

哲学最初是和宗教对着干的，哲学怀疑一切，而宗教的信仰需要盲从，两者的矛盾天然而不可调和。随着历史发展，两者的关系又起了一些变化，宗教之间也有不少纷争，基督教的神父们纷纷用哲学武装自己，战胜了其他宗教，人称"教父哲学"，教父哲学是用来解决宗教之间的纷争的，哲学帮助基督教成为世界名教。

随着基督教地位越来越稳固，神父们越来越闲，反正闲着也是闲着，在基督教内部，神学家们为了维护自己的观点，互相展开了激烈的学术辩论，这辩论不像国际大学生辩论赛，输了的搞不好会成为异端，要进宗教裁判所的，有些神学家发现哲学是个辩论的好工具，于是哲学的价值凸显出来，于是神学家们拼命研究哲学，于是“经院哲学”出现了。

最初的时候神学教授拿着哲学工具大杀四方，无往而不利。哲学是个思辨的利器，有了哲学的帮助，基督教才拥有了完善的理论，取得了巨大的优势，最终灭掉许多同时期的其他宗教，成为世界性宗教。

但到后来却发现，把哲学引入宗教，会带来更大的问题，等同于把怀疑的种子引入到宗教内部，这明显会破坏宗教的内部团结。于是哲学又被宗教抛弃。哲学的历史和宗教史一样长，足够写几本书了。

再到后来，出现了笛卡尔，那个“我思故我在”的数学家、哲学家。早期的哲学家基本上都是数学家。笛卡尔认为学校里除了数学之外没有任何有用的知识，决定自己去求知。他研究哲学的第一个任务就是用怀疑的眼光把所有的知识重新检查一遍，而且亲自动手，重新思考世界，主张实践出真知。

假如笛卡尔在咖啡馆遇见老子，老子说：“最近写了篇《道德经》，我给你念念：‘道可道，非常道。’”笛卡尔立刻就问：“你定义一下什么是道。”老子回答说：“无极生太极，太极生两仪。”笛卡尔就继续追问：“什么是无极，什么是太极？”最终两个人铁定要打起来。

笛卡尔受到几何学启发，欧氏几何有 5 条公设和 5 个公理。之后整个几何世界便是以这几个公设和公理推导出来——也就是亚里士多德所说的“第一性原理”。

笛卡尔认为，既然要搞解决人生问题的大智慧，为什么不可以像欧氏几何一样，从几条公设、公理开始，搭建一套严谨的哲学体系呢？笛卡尔研究的正是哲学领域中的重要概念——形而上学。

在咱们国家从小学习的是马克思哲学，所以我们的脑海中如果见到形而上学，就会立刻把这个和贬义词关联在一起。事实上，我们要用科学的眼光去看，西方人不傻，有哪个学科是“孤立、片面、僵化地研究问题”？

“形而上学”即 metaphysics，意思是“物理学之后”。为什么有这个奇怪的名字，因为在古希腊时代，亚里士多德是个全能型学者，从哲学到物理学都研究过。但那时候没有现代学术界对学科分得这么细，后来的学者整理亚氏的著作时候犯了愁，不知道该如何给一些物理学之外的内容分类。

有个学者想了个好主意，把亚氏的著作分成两大类，“研究有实体的事物”和“研究没有实体的事物”。前一类叫作“物理学”，后一类作品，也就是哲学作品，就起了一个名字叫作 metaphysics。

meta 是在“……之后”的意思，physics 是物理学。

“形而上”出自《易传·系辞》：**“形而上者谓之道，形而下者谓之器。”**这“道”和“器”的区别类似哲学问题和物理问题的区别，所以用“形而上”翻译 metaphysics 十分漂亮，翻译者是日本人井上哲次郎。

中国古代哲学起源于《易经》，后世的人们拿来占卜未免有些舍本逐末。占卜没有对错之分，问题在于《易经》缺少占卜的过程，只有占卜的结果，好像给你一副牌，告诉你这些牌代表了什么，但是不告诉你这牌怎么玩。

如何学习哲学

学习哲学之前，请忘记唯心主义、唯物主义等名词。

哲学有哲学问题（或哲学主题）和哲学发展史两种入门方式。

哲学问题可概括为：**是什么（本体论），为什么（认识论），怎么办（方法论）。**本体论回答的是在我们所生活的世界中，最真实的事实是什么样的；认识论回答的是人和真实的事实之间的关系；方法论回答的是人如何去发现最真实的事实。

许多哲学问题的思考，都是通过思想实验这种思维方式来完成。思想实验是一种在人的头脑中进行的理性思维活动，这种思维活动按照实验的格式展开，所以也称为“实验”。

《黑客帝国》这部经典的科幻电影，来源于著名的思想实验“缸中之脑”，是希拉里·普特南（Hilary Putnam）1981 年在《理性，真理与历史》（*Reason, Truth, and History*）一书中阐述的假想。

“一个人（可以假设是你自己）被邪恶科学家施行了手术，他的脑被从身体上切了下来，放进一个盛有维持脑存活营养液的缸中。脑的神经末梢连接在计算机上，这台计算机按照程序向脑传送信息，以使他保持一切完全正常的幻觉。对于他来说，似乎人、物体、天空还都存在，自身的运动、身体感觉都可以输入。这个脑还可以被输入或截取记忆（截取掉大脑手术的记忆，然后输入他可能经历的各种环境、日常生活）。他甚至可以被输入代码，‘感觉’到他自己正在这里阅读一段有趣而荒唐的文字。”

有关这个假想的最基本的问题是：“你如何担保你自己不是在这种困境之中？”

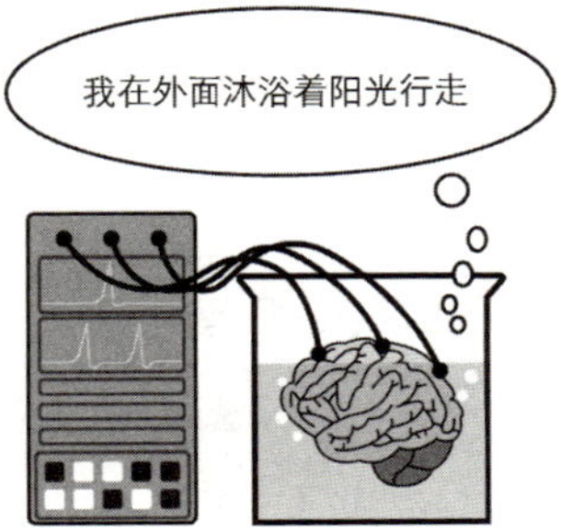

一个在缸中营养液中的大脑相信自己在外面步行

这个思想实验常被引用来论证一些哲学思想，如知识论、怀疑论、唯我论。

一个简单的论证如下：因为缸中之脑和头颅中的大脑接收一模一样的信号，而且这是他唯一和环境交流的方式，从大脑角度来说，它完全无法确定自己是颅中之脑还是缸中之脑。如果是前者，那它的想法是正确的，他确实走在大街上或者在划船。如果是后者，那它就是错误的，它并没有在走路或划船，只是接收到了相同的电信号而已。一个大脑无法知道自己是在颅中还是缸中，因此这世间的一切都可能是虚假的、虚妄的。那么什么是真实？

学习哲学，也可以先了解哲学思想的发展历史，从哲学派系开始，顺藤摸瓜。最后看看如今的哲学家在研究什么，这是一种学习方式。

黑格尔是第一个提出“哲学等于哲学史”观点的哲学家。哲学在不断发展中，因为哲学本身是研究一些虚无缥缈（非实体）的东西，很难说谁对谁错。对于哲学而言，历史上有许多聪明人或者天才，诞生了各式各样的见解和思想，这些理论都能够引起人们的共鸣，但最终这些理论都成为哲学流派。

入门书籍，许多人推荐《大问题：简明哲学导论》，理由如下：

相对全面介绍哲学研究的对象——**有哪些值得思考的问题；**

基本展示哲学研究这些对象的方法——**怎样去思考这些问题；**

生动体现哲学对世界的“关怀”——**为什么这些问题重要。**

奎因说，人们研究哲学通常出于两个原因：一个是对哲学史有兴趣，一个是对哲学有兴趣。

至于是看哲学史，还是思考哲学问题，看个人兴趣。

无论哪种方式，都需要有以下行动为基础：

1. 培养思考习惯

提醒自己时刻处于思考的状态。

胡适说，**研究学问要在不疑处有疑，待人要在有疑处不疑。**

研究学问要在不疑处有疑，这便是批判性思维。

1960 年 12 月 30 日早晨，胡适喉部有点发炎，胡颂平怀疑这是“昨晚喝了不算太好的酒的缘故”。胡适说：“不要怪人！连医生也不敢随便说的话，怎么好怪人家的酒不好。”这是“待人要在有疑处不疑”。

《中国哲学史大纲》一书中，可以看到胡适从浩如烟海的古书中，从年代久远而又脱漏残缺难辨真伪的作品中去甄别出可用可信之史料，实在是下了很不一般的功夫。

胡适说：“述学是用正确的手段，科学的方法，精密的心思，从所有的史料里面，求出各位哲学家的一生行事、思想渊源沿革和学说的真面目。”

倘若是在工作中，上级安排任务的时候，如果有疑问、有不清楚的地方尽管提出来，但一旦疑问解除，就需要完全信任地去执行。许多人恰恰是在这一点上没有做好。

2. 非形式逻辑

逻辑学是一个哲学分支学科，是对思维规律的研究。逻辑和逻辑学的发展，经过了具象逻辑——抽象逻辑——具象逻辑与抽象逻辑相统一的对称逻辑这三大阶段。

逻辑学是研究思维的学科。所有思维都有内容和形式两个方面。思维内容是指思维所反映的对象及其属性；思维形式是指用以反映对象及其属性的不同方式，即表达思维内容的不同方式。从逻辑学角度看，抽象思维的三种基本形式是概念、命题和推理。

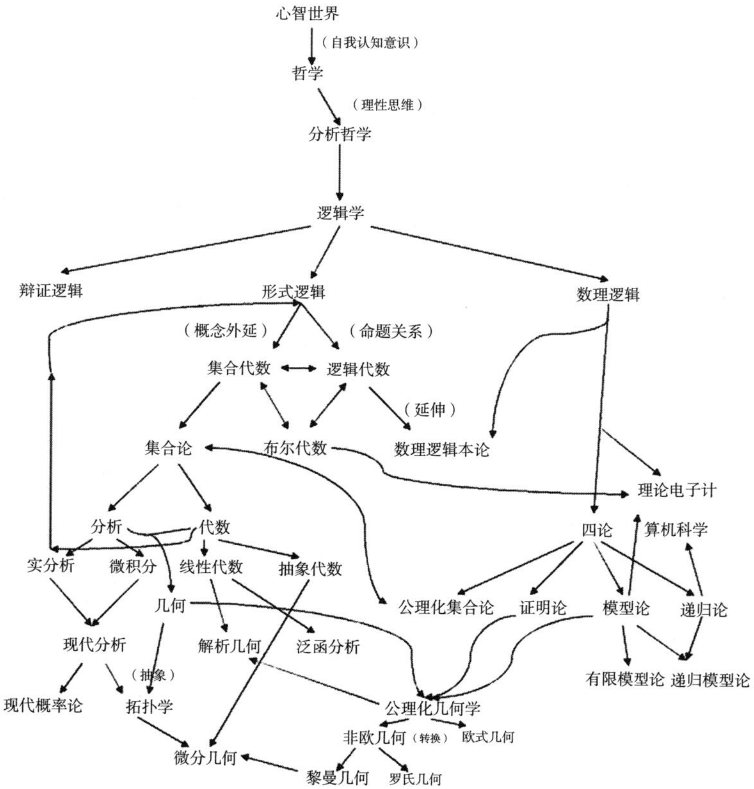

是不是被上面这张图吓到了？不要紧，我们先关注非形式逻辑好了，其他的，对于普通人来说，不学也没关系。这下你理解为什么大多数哲学家还是数学家了吧。

学习逻辑学中的非形式逻辑，可以让你的逻辑更严谨。表达更为清晰，不再感觉自己思维混乱，没有条理。

现任《非形式逻辑》杂志主编拉尔夫·约翰逊（Ralph H. Johnson）和安东尼·布莱尔（J. Anthony Blair）提出：“非形式

逻辑是逻辑的一个分支，其任务是讲述日常生活中分析、解释、评价、批评和论证建构的非形式标准、尺度和程序”。这个定义被认为是当今流行的定义。他们认为，非形式逻辑之所以是“非形式的”，这主要是因为，它不依赖于形式演绎逻辑的主要分析工具——逻辑形式的概念，也不依赖于形式演绎逻辑的主要评价功能——有效性。

知行合一

这是一门需要实践的学问，光熟读经典，看遍天下书籍，没有任何思考，不能提出自己的哲学问题，那最多只是知道哲学而已。

一旦你开始思考某一个哲学问题的时候，无论是从书架上找出几本蒙灰的哲学书籍还是去搜索文献，都说明你正走在学习哲学的道路上。

当你开始进行真正的哲学思考，就算是入了门。说句抖机灵的话：“当你开始思考哲学是什么的时候，便是开始了研究哲学之旅。”

小笑话一则

有个青年去相亲，聪明人为之出招曰：见到女孩后最好谈论三个方面的话题——家庭、食物和哲学。谈论家庭表明你对她有兴趣，谈论食物表明你有意介入她的生活，谈论哲学表明你尊重她的智力。

见到女孩后，青年单刀直入：“你有兄弟吗？”

“不，没有。”女孩回答。

“你爱吃面条吗？”青年又问。

“不，不喜欢。”女孩惊讶地回答。

停顿了一会，青年继续问道：“如果你有一个兄弟，他会喜欢吃面条吗？”

第三章

认知迭代的思维工具

为什么要反直觉？常识和经验可能是我们前进的障碍。我们需要了解自身的思维定式，突破思维的局限性，掌握决策和判断的思维工具，提升观察力和创新能力，包括逆向思维和交叉思维能力等。

你在跟着直觉走吗

被飞机从天上掉下来的零件砸死和被鲨鱼咬死哪个可能性更大?

关闭血汗工厂，对工人是好事情吗?

为什么汽车安全带发明之后死亡的人数反而增多?

一张纸折叠 100 次后的厚度是多少米?

西兰花真的防癌吗?

人类面临一个复杂的判断或决策问题时，通常会依据自己的直觉或常识进行决策。这样的决策往往非常接近最优方案，但是在某些情况下，直觉可能产生偏差或者不一致。

大脑有两种思维模式，一种是快思考，一种是慢思考。我们在前文提到过这两个概念。

快思考通常是依据过去的经验和常识，迅速得出结果。

慢思考则相反，遇见问题先不急着得出结果，而是先思考这个问题是不是真正需要解决的问题，再思考有没有更优解。

因此，**面对压力和应激测试的时候，应该尽量平复情绪，让自己冷静思考，才不至于做出错误的决策。**

直觉就是快思考的决策来源。使用直觉可以得到一个令人相对满意的答案，但是缺点是，可能导致一些偏差。而偏差多少，则直接影响到判断的准确程度。

代表性直觉

代表性直觉是指人们凭经验或学习掌握了事物的一些代表性特征，在面对不确定事物时，根据掌握的代表性特征与不确定事物的特征进行匹配而做出的判断。

“布莱恩是个程序员”和“布莱恩是个喜欢摄影和写作的程序员，经常利用业余时间外出摄影，并且喜欢阅读和健身”相比，后者因为有更多细节更容易让人相信（**代表性直觉会匹配相应的特征，特征越多就越容易匹配**），但事实上后者的真实性甚至小于12.5%（前者的概率是50%，后者的概率是50%×50%×50%=12.5%）。

人们可能会因为代表性直觉选择了一个小概率事件，这就导致了系统预测偏差。

随着情境中细节数量的增加，该情境发生的概率只会逐渐降低，但是它的代表性和由此带来的外显的可能性却会上升，基于代表性的决策判断是人们喜欢毫无根据的细节化情境的主要原因。

布莱恩是个高个子、内向的男人。他对中世纪文学充满热情，喜欢参观美术馆，但不善于与人交往。孩提时代，他常常受到同学的欺负。你认为布莱恩是一个：

a. 农民

b. 古典文学学者

根据描述，大多数人会猜测布莱恩是一个古典文学学者。毕竟和农民相比较，对布莱恩的描述更符合后者的形象。但是下结论之前，还要考虑一个关键信息——基础比率，即该职业在总人口中所占的比例。

实际上，即使有很少比例的农民符合布莱恩的特征，这部分农民的数量也会比古典文学学者的数量多。因此我们猜测布莱恩的职业是哪一种时，应该考虑到这种**基础比率和概率**。但人们往往忽略了这一点。

当今社会科技发达，但是在医学和生物科学领域内，许多研究成果并不具备可重现性，换个环境就无法重现，只能算是艺术，而不是科学。甚至许多权威的国际医学杂志上的结论，也并不一定靠谱。

一个城市中，8 年级的学生的 IQ 平均数是 100。你从中抽取了 50 名学生来进行研究，你抽取的第一个学生的 IQ 为 150，你认为你抽取的这 50 个人的样本 IQ 平均数为多少？

大多数人对这个问题的回答是 100。事实上，正确的答案是这 50 个学生的 IQ 平均数应该为 101。因为第一个孩子 IQ 是 150，剩余的 49 个孩子的期望 IQ 依然是 100，因此这 50 个孩子的 IQ 总数为 5050（150+4900），然后除以 50，得出结果是 101。

去澳门赌场碰运气的游客们，总是相信在一系列的坏运气之后必然有好的结果发生。

假如你连续扔硬币，连续 3 次硬币出现了正面，第四次的时候，需要你来投注 100 元人民币，你会选择正面还是反面？

事实上，正面和反面的概率都是 50%，但是人们更愿意相信在连续 3 次出现正面之后，出现反面的概率更高。

有一些方法可以避免代表性直觉带来的决策偏差。

不要被很细节的情境迷惑。一般而言，情境越是具体，其发生的可能性（概率）越低。

记住偶然性并不具备自我修正功能。一系列的坏运气，就是一系列的坏运气，并不意味着好运即将来临，也不意味着事物总是一成不变的。过去的事件对将来发生的结果并不会产生影响。

平均数会掩盖真相。尤其在样本数据中出现极端数据的时候，平均数会拉近极端数据和正常数据的距离。

易得性直觉

人们在形成自己的判断的过程中，往往会赋予那些易见的、容易记起的信息以过大的权重，而对大量的其他必须考虑的信息“视而不见”。

一般情况下，人们通常根据事例或事件的发生能够回忆起来的难易程度，来估测某一类别的频率或某一事件的概率。

在交通工具中，飞机、火车、汽车哪一种更危险？

很多人下意识地说飞机最危险。据美国全国安委会对 1993 ~ 1995 年间所发生的伤亡事故的比较研究，坐飞机比坐汽车要安全 22 倍。

相对于汽车和其他交通工具，飞机大概每飞行 300 万次才发生一起故障，也就是说，如果一个乘客每天做一次飞行，那他要不停地坚持8200年才可能赶上一次空难。为什么在人们的心目中，飞机被认为是最危险的交通工具呢？这与媒体的宣传报道有关，飞机失事几乎是零存活率也加深了人们的印象。

被飞机从天下掉下来的零件砸死和被鲨鱼咬死哪个可能性更大?

大多数人会认为被鲨鱼咬死的可能性更大，这其中《大白鲨》这部电影起了不少作用，还有那些海滩上的防鲨网，不断地提醒人们鲨鱼危险。

事实上，在美国被飞机从天下掉下来的零件砸死人的个案是被鲨鱼咬死的个案的30倍。从机翼面板到发动机整流罩等不一而足，甚至整个发动机都曾掉落下来。据说有一年全球因为自拍而死的人数（12人）超过被鲨鱼咬死的人数（9人）。

人们通过不费力地回想出的信息进行概率推断，结果导致判断误差。

商家会利用这种易得性偏差来扩大市场占有率，例如广告密集轰炸，当年的脑白金广告和恒源祥的广告，通过极其简单、高频的播放使产品占据人的心智空间。

人们会不断调整事件发生的概率，这取决于人们日常所见到的事件。例如当人们在公路边上目睹发生车祸之后的车辆，就会暂时调高心目中交通事故的主观概率。

商家不仅仅通过广告，也通过媒体，例如电视、电影、书籍、网络文章投放大量信息来影响人们的思维，接收到的信息多寡也容易令人产生误判。

地域歧视也是典型的易得性直觉。

易得性直觉也仅仅是影响人们对概率和频率判断的因素之一。人们的直觉会根据事件在大脑中唤起的难易程度来估计事件发生的可能性。由于车祸、飞机失事、谋杀几乎都是媒体的头条新闻，比那些发生频率更高的事件——癌症、高血压等更容易从大脑中提取出来，所以人们会认为前者发生的可能性更大。

当某些事情难以想象的时候，易得性直觉也可能会导致判断偏差。

1990 年美国对奢侈品征税，目的就是为了“劫富济贫”，因为购买奢侈品的都是富人，对他们征税貌似可以增加社会公平性。

奢侈品产业养活了很多奢侈品制造厂的普通员工，包括设计、制造、消防、运输、安保等。

征税带来的后果就是富人转向其他商品消费，奢侈品制造厂生意下降，整个行业陷入萧条，所以受到损害的是这些员工和整个行业的工人，美国 1993 年取消了这项征税。

为什么汽车安全带发明之后死亡的人数反而增多?

汽车最初进入民用市场之后，没有配备安全带，发生交通事故之后，司机的死亡率很高，于是安全带被发明出来，同时开车时必须系上安全带被写入了法律之中。汽车装配安全带后，司机（以及乘客）在事故中的死亡率大为下降。

但是由于驾驶的安全系数提高，司机在开车时不如之前那么谨慎，直接的后果之一就是路人的死亡率大为提高。

易得性直觉导致人们思维中有许多的想当然，比如：

认为对人贩子执行死刑能有效减少拐卖儿童事件。

认为实行房产税能降低房价。

西兰花真的防癌吗

食物抗癌，是指食物中含有抗氧化成分，对抗氧自由基（氧自由基破坏DNA结构，是致癌因素之一），理论上逻辑也还通，在实验室里也能得到如上结论。

实际上为了达到实验中抗癌所需的生物活性物质剂量，需要摄入不可能的重量的食物。比如，要达到抗癌效果，需要一天吃500千克西兰花，才能达到实验室所探索出抗癌的有效剂量。

说一个令人遗憾的常识，女生热衷补充胶原蛋白，所以特别钟爱炖猪蹄，实际上胶原蛋白是大分子，无法通过食用直接吸收，到了胃里就直接分解成小分子和氨基酸了。口服胶原蛋白和吃猪皮没有任何区别，外用胶原蛋白还不如用凡士林（矿物油）。胶原蛋白除了补充部分氨基酸外是没用的，而如果要补充氨基酸，平时豆制品和肉类中的优质蛋白远胜于胶原蛋白中的氨基酸。

还有关于海鲜和维生素C同时吃相当于砒霜的说法，有化学专业人士计算出的结果是如果同时吃海鲜和水果被毒死，吃货需要吃150千克海鲜和十几斤水果，还没有被毒死就先被撑死。

概率和风险

用频率作为信息来记忆或回忆更生动也更容易被提取，想想第一次旅行什么情形，第二次旅行什么情形，历历在目。

因为频率作为信息存储载体保留了事件的形象性，提高了记忆的可得性，因此在进化过程中人类的心理机制优先选择了频率而不是抽象的概率。

在人类十多万年的进化过程中，出现概率概念的文明进程不过几千年，大脑还没有进化到更适应抽象的概率的地步。

如果投掷硬币的时候连续投掷 3 次，都是正面的可能性（由 3 个连续事件组成的复合事件）将是 $0.5\times0.5\times0.5=0.125$。如果连续投掷硬币，至少有一次出现正面（非连续事件组成的复合事件）的概率是 $1-0.125=0.875$。

概率用来度量事件发生的可能性。

买福利彩票是赌自己会走运，买保险是为了规避风险。这是两种很少发生的小概率事件，但人们对此则十分热衷，这是一个有趣且矛盾的现象。

买彩票可能让人更富有，但无法防范未来的风险；买意外保险不会让人更富有，但可以让人把握未知的未来。买彩票行为是追求小概率事件带来的高收益，而买意外保险是弥补小概率事件带来的高损失。

在我国，福利彩票的返奖率是 50%，也就是说，每次福彩收到 2 元钱，只有 1 元钱作为奖金（另外 1 元钱要分给彩票网点、分公司、总公司）。通过数学计算，一等奖的中奖概率是

1/17720000，二等奖是 1/1180000，二等奖的中奖概率是一等奖的 15 倍，但是我们看到的从来都是独揽大奖。

所以买福利彩票是真正的缴智商税，知识付费顶多叫作不愿学习偷懒税。

据估计，平均抽 1.4 根烟增加的死亡概率等于居住在一个核电站 20 英里（约合 32 千米）外长达 150 年的时间。

但是人们经常接受抽烟的风险，却不愿意接受来自核电站的风险。核电站也许离我们的生活都比较远，但高压线路却不能完全避开居民生活区，甚至有居民对建在离小区 100 米之外的 10 万伏高压线路进行抗议。

在对风险的知觉方式上，普通个体和专家相比是完全不同的。普通个体并不能很好地估计各种风险的大小，他们对风险的总体知觉总是从“灾难发生的严重性”以及“对下一代的威胁”角度来考虑，而不是根据其发生的可能性。而专家能够很好地评估风险的大小，他们对风险的知觉与其发生的概率是紧密相连的。

锚定效应

一张纸折叠 100 次后的厚度是多少米？

正确的答案远超预期。假定一张纸的厚度是 0.1 毫米，折叠 100 次以后的厚度大约是 1.27 乘以 10 的 23 次方千米。

这样的答案会让人惊讶，因为人们的想象都来自于刚开始的几次折叠（一个非常低的锚定值），并不能很充分地估计平方效应。

人们在对某一事物进行估算（估计）时，常会由于外界原因锚定一个参考起点，并在此基础上随意地开始移动，直到找到他们想要的答案为止。这也是所谓的“锚定与调整”现象。

消费者其实并不知道一件商品应该卖多少钱，因为他们对成本一无所知，他们判断的依据只是同类商品的价格。

消费者对于商品价值与价格的独特认知方式给了商家可乘之机。许多商家都绞尽脑汁去迎合，甚至操纵这种人类的非理性思维习惯。其中最为常见的方式便是为商品设定种种“锚点”。

去餐馆吃饭看菜单的时候，会发现最贵的菜会出现在最前几页，消费者会在心里设定一个值，当往后看到更为便宜一些的菜，就容易多点一些。

奢侈品牌在自己的每家旗舰店只分配一两个超昂贵的产品，陈列得漂亮显眼，并用一种端庄、好认的大号字体表示其价格。这样的产品并不指望消费者购买，而是起一个“锚定”的作用——让消费者感知到其他更为廉价的系列产品超值。

打折促销的时候，服装店通常要保留一些正价商品，用来和打折商品对比。

电商平台上经常有优惠券（折扣券），优惠券的作用就是配合原价这个锚定值，让消费者产生占便宜的感觉。例如商品销售价位为 150，那么商家会先把销售价定为 200，再赠送 25% 的折扣券。同样定价 150 元，前者让消费者没有冲动，后者却会让消费者满意。

再来举一个例子，随便挑一个数字，比如一个月有 31 天，现在你猜想一下联合国中非洲国家的数量是大于 31 还是小于 31？很明显，该数字与你的估计完全无关，应该不会对判断产生影响。但事实上，有学者进行过研究，参与者给出的非洲国家数量会在 31 上下浮动。这个 31，就是“锚”。

你可以用这个问题去问问其他人，比如让别人猜猜凯旋门的高度是大于 30 米，还是小于 30 米，具体是多少米。实际上这个数字是一种心理暗示，参与者得到一个锚，这个锚马上就会使他们对于目标的判断产生偏差，参与者最终给出的答案都在 30 上下浮动，浮动范围在 5 ~ 10 米，实际上凯旋门的高度有 50 米。

警惕锚定效应对人的思维带来的影响。

归因理论

美国心理学家维纳 1974 年的研究表明，在现实生活中，一般人对行为的成功与失败进行归因时常做四种归因：努力、能力、任务难度、机遇。努力和能力属于内因，任务难度和机遇属于外因。努力和机遇是不稳定的因素，能力和任务难度是稳定的因素。

归因理论中有个自利偏差，是一种动机性偏差，**指人们倾向于把自己的成功归因为内在因素，**如自己的努力、能力，同时也倾向于把自己的失败归因于外部因素，如公司、上级、环境等。

了解归因理论，有助于做决策时有客观意识。

小结

代表性直觉反映的是人们用特征匹配来启发的一种直觉，往往容易忽视概率。

易得性直觉反映的是人们根据事物在脑海中出现的频率来启发的一种直觉，容易受到外界影响。

锚定和调整、归因理论都会使我们的判断产生偏差。

综上所述，虽然我们不能消除由于如上各种心理现象带来的偏差，但对这种潜在偏差的意识，至少让我们警惕判断中可能会出错，会促使我们更谨慎，尽可能寻找更客观的信息来做决策和判断。

当我们需要根据事件现象和数据做决策时，多使用**统计性启发法**，而不是非统计性启发法（代表性直觉和易得性直觉）。

投资人进行风险投资的时候，投的实际上是项目成功的概率。李开复的创新工厂即是如此，专门来投那些资金需求并不大但是十分有潜力的项目，通过计算概率来获取投资收益，即使有几个项目不成功也没关系。

澳门赌场和拉斯维加斯赌场靠什么赚钱，靠的是各项赌博游戏的赔率和概率。所以有一些精通统计学的数学家就会偶尔去赌场赚一些外快。

尽量少用直觉做判断。

如果你是商家，可以利用如上直觉对消费者产生影响。

如果你是消费者，应当警惕如上直觉带来的影响。

如何做出正确的选择

很多人都遇到过类似的问题：预算有限的时候，买 iPad mini 还是 iPad air，或者买个 Macbook air？ A 公司规模大，行业内数一数二，但是给的薪水低；B 公司规模小，业界并不是很知名，但是给的薪水高，该如何抉择？

3 个臭皮匠真的抵个诸葛亮吗？

我们每天都在做选择和判断，大多数人没有系统或者体系化地建立自己的判断框架和方法论。不要只是凭着直觉做判断或选择，如果多了解一些方法论和决策陷阱，就能大幅提高准确率。

做任何事情，只要少犯错误，就能增加成功几率。

理性决策

理性决策是指人们在决策的时候利用心理学最大程度剔除非理性偏差，用理性心态进行逻辑推演，选择最优策略的过程。

决策框架通常包括如下步骤：

1. 定义问题

把问题找出来，用一些工具例如鱼骨图，分析出根源问题。

当根源问题找出来之后，如果问题不好解决，就需要思考重新定义，换个思路，确定需要决策的问题是真正的问题。

回到 iPad mini 还是 iPad air 选择的问题上来，是为了办公还是娱乐呢？如果你真正的需要是更好地阅读电子书，那么是不是考虑买个 Kindle ?

定义问题最为关键，通常人们并不真正清楚自己想要什么。如果什么都想要，那就说明没有分清楚你最想要的是什么。

2. 确定决策标准

选择的标准是什么，是为了获得更好的视听体验还是更好的便携性？

需求是视听体验，那么就选择 air；需求是便携，就选择 mini。

3. 找出备选方案

苹果的产品比较贵，那么安卓的平板是否可以满足你的需要呢？微软的平板能否符合你的决策标准呢？

4. 选择最优方案

有钱的话都买，毕竟每个产品应用场景不同。

如果预算不充裕就确定你要用的场景，再根据决策标准来做决策。

以上是一个非常简单的理性判断框架，用于举例和演示。

从决策角度来看，从低到高的原则看决策层次依次为：理性决策、科学决策、理论性决策。

理性决策——克服人类天性的逻辑推演（普通人群）。

科学决策——利用数据、概率、统计学理论分析决策（专业人士）。

理论性决策——利用运筹学和博弈论进行决策（专业团队）。

对于大部分人来说，理性决策最为有用，至于科学决策和理论性决策，需要大量的数据和专业人员才能进行，在这里不展开描述。

需要注意的是，许多人常常把决策过程的正确性和决策的结果等同，事实上，决策是正确的，但是结果可能和运气（概率）有关。假如一场比赛中的两支球队，A 球队赢的概率是 40%，B 球队赢的概率是 25%，所以你选了 A 球队，但是结果是 B 球队赢了，因为这次比赛正好是在 25% 的概率里，这就是运气。虽然决策后的结果看上去是错误，但不代表决策的过程错误。

常见的关于自我的思维缺陷

1. 虚假一致性

虚假同感偏差（false consensus bias），又叫虚假一致性偏差，指的是人们常常高估或夸大自己的信念、判断及行为的普遍性，它是人们坚信自己信念、判断正确性的一种方式。当遇到与此相冲突的信息时，这种偏差使人坚持自己的社会知觉。人们在认知他人时总喜欢把自己的特性赋予他人身上，假定自己与他人是相同的，例如自己疑心重重，也认为他人疑心重重；自己好交际也认为别人好交际。

当你需要减肥的时候，就会觉得很多人都需要减肥，有许多人和你会有一样的想法，于是你就考虑开一家减肥工作室，请专业的教练。这是许多创业者容易犯的问题，需要说明的是，这种思维方式不一定是错误的，滴滴创始人程维就是因为回国后发现打车很难的问题才想到自己来做打车软件。但并不是每个人都能收集到足够多的信息并有正确的决策依据，大部分人都是仅靠自己的想象做出决策。

当产品经理需要设计某个 App 的功能时，受偏好影响，会因为这个功能自己很需要，所以推测其他人也都会感兴趣。这叫以己度人，许多产品经理容易把自己当作目标用户，这样会有几个问题：首先是产品经理对自己的产品都很精通，就很难站在用户角度来使用产品，想当然地认为用户应该这么使用产品，最终导致产品体验不好；其次是很容易做出只是产品经理需要但实际用户并不需要的功能。

当你手里拿着一把锤子，那么看见任何东西都是钉子，说的便是这种情形。要改变这种情况，就是抛弃自我的感受，站在局外人的角度而不是以自己的喜好来做判断。

“三个臭皮匠抵个诸葛亮”真的正确吗？

为什么大家会觉得这句话有道理，一来这是谚语，二来是人类心理认同感的需要。诸葛亮是被神话的人物，能把神话人物拉低一些，和自己拉近一些距离，可以满足自己的心理需要。

实际上这是集思广益的意思。现代企业早已有一种共识，一个精英可以抵得上好几个普通人，但是薪水却不需要那么多。一个高级程序员可以抵过好几个中级程序员，在许多以脑力为主的工作中，早已经不需要靠人数来解决问题。一个创业公司如果都是一群平庸的人，能够创造出奇迹吗？概率太低太低了。

这个世界每天都在变化，是时候更新一下自己的观念了。

2. 自我实现的预言

当人们有个确定的信念和观点时，在搜集信息和分析信息过程中，会下意识地寻找支持这个观点的数据和信息，而忽略否定这个观点的信息，甚至贬低相左的观点。

其实这是人类内向的自利倾向导致，有选择地去解释自己记忆中的观点，寻找证据，验证自己观点的科学性和合理性，以获得自我满足和成就感。

这可以解释为什么人们不喜欢听到和自己观点不一致的信息。

当你东西不见了，如果怀疑某个人拿去了，就会把这个人的所有行为举动都和偷东西联系起来，到后来你在某个地方找到了，又会觉得这个人的行为举动都很正常。

3. 过度自信

为什么人们总是会高估自己，原因是人类在进化过程中高估自己可以带来足够的信心，有利于面对困境和竞争。

人们通常都会高估自己的预测和判断能力，预测和判断的准确度偏差更大，通常会在 20% ~ 30% 之间。

如果想知道自己的判断准确度，可用给自己列一系列问题清单，类似于：

苹果手机 iPhone 下一个新产品的价格（高于 10000 元，8000 ~ 10000 元，6000 ~ 8000 元）

深圳湾大桥的长度（大于 3 千米，2 千米到 3 千米之间，小于等于 2 千米）

9 月 1 日深圳日出时间（晚于 5:45，5:20 ~ 5:45，5:00 ~ 5:20）

摩拜单车和 ofo 小黄车最后谁能取得最终胜利（摩拜，ofo）

……

首先估计自己的判断准确度，例如你认为在过往的判断中，有 80% 的几率判断准确。

将所有答对的问题数量除以问题总数量，就是你的判断准确度（准确的概率）。

如果计算出来的结果是 40%，80% 的自信和 40% 的准确度相差 40%，就要小心是否有过度自信。

如何减少过度自信带来的决策偏差？我们需要经常停下来思考，为什么我们的判断可能是错误的。

尤其是对一个判断的答案表现得极为自信的时候，更需要警惕。思考一下另外一个完全不可能的答案也可能正确的原因。

上面的问题清单仅用来举例，列出的问题清单，应尽可能地放在熟悉的领域中，无论是生活还是工作中，有助于你提高对自己判断能力的认知。

避免决策陷阱的方法

决策陷阱有很多种，难以列举，无法穷举所有可能的人性偏差和思维陷阱，毕竟我们对自己的认知仍然有限。

这需要我们对自己有足够清晰的认知，知道自己擅长什么领域，自己的判断准确度在什么范围。

1. 从不同的角度来看问题。看看有没有其他的选择，不要一味依赖你的第一个想法。

2. 在向别人请教前，先自己考虑一下问题，有一个基本的判断，不要被别人的意见左右。

3. 集思广益。寻求不同的意见、方法，以开拓你的思维，打破原有的条框束缚。

4. 不要限制可以给你提供建议（顾问、咨询人员或者朋友）的人的思维。在向他们介绍情况时，不要掺杂个人的观点和倾向。

5. 谈判时不要受对方所设“锚点”的影响（避免锚定效应）。

6. 审视自己对各种信息是否给予了相同的重视，避免只接受符合自己观点的“有利信息”的倾向（减少自我实现预言带来的偏差）。仔细审查你的构想，确信它们没有被影响。

7. 对于那些不那么重要的数据，也要注意整理。

8. 决策时刻要走出记忆，尽量减少特定或重大事件给思维带来的影响（避免易得性直觉带来的思维偏差）。

9. 尽量朝与自己意见相反的方向去想，或者找一个你所信赖的意见分歧者，进行一次彻底的辩论（减少过度自信带来的偏差）。

10. 审视自己的动机。判断自己是在为合理的决策收集信息，还是其他（减少虚假一致性带来的偏差）。

11. 征求别人意见时，不要找有求于你或和你有利益关系的人。

成功经验的缺陷

这个世界上从来不缺成功企业和成功人士的传记，为什么依葫芦画瓢之后，大多很难成功？

一个世纪以来，各种管理理论汗牛充栋，各种学术知识不断演化升级，为什么认真学习甚至复制都无法获得有效提升？

自人类文明开始以来，人类的学习方式、思考方式是否还存在一些缺陷，是什么导致预期与实际的差距越来越大？

人类智慧的首要目的

从进化论的角度来看智慧，**智慧的首要目的是有效地适应环境，**包括获取资源的能力、利用资源的能力、了解所在的世界（环境）、做出正确的决策。

获取资源的能力：资源指的是人力、物力、财力，即俗称的人财物。人类接受的教育，最低层次的用途是为了谋生，最高的用途是为了研究真理。

利用资源的能力：当获取到资源以后，如何有效且最大限度发挥资源的作用。物尽其用、人尽其责。

了解所在的世界（环境）：对于世界的认识，对于环境（无论是企业所在的环境，还是行业环境）的认识。

如何做出好的决策，无论是个人还是组织，无时无刻不在面临决策。有些决策无关紧要，有些决策生死攸关。

只有对环境有足够的认识和了解，才能制定合适的策略在环境中生存、发展。

运用智慧的方式

第一种是拿来主义，又称“低智学习”，在不求理解因果结构的情况下复制与成功相关联的行动。

假设你正在一家公司思考战略问题，从 300 多年前的世界上诞生了第一家公司开始，已经积累了各种成功的公司案例和如何制定公司战略的工具和方法论。

例如：

SWOT 分析法，用来分析企业内部与外部的竞争优势。

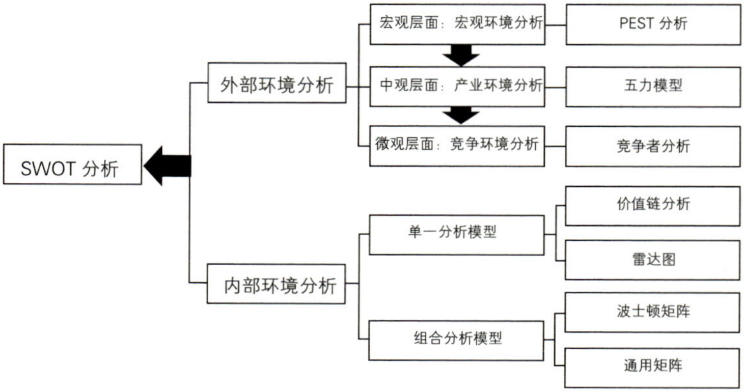

波特五力分析法（模型），用来分析一个行业的竞争优势。

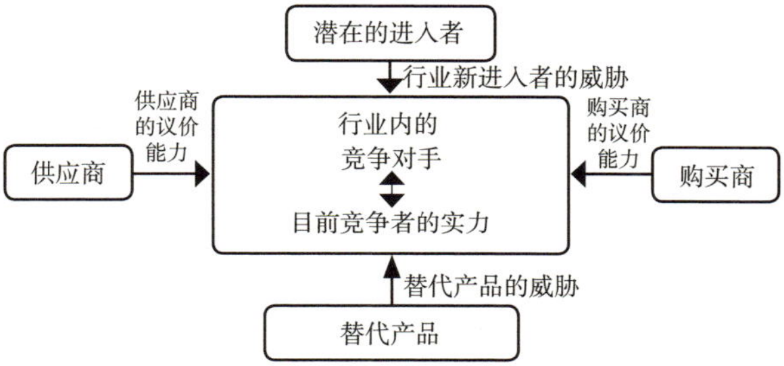

VRIO 模型，针对企业内部资源与能力，分析企业竞争优势和弱点的工具。

以上这些工具都是用于战略分析，还有一些工具诸如 PEST 分析、雷达图、波士顿矩阵等，如果你觉得不知道该如何使用，没关系，下文会告诉你。

只要按图索骥，找到工具使用说明书，即使如企业战略分析这样的事情，你也可以当成是去商场买了台面包机回来一样，按说明书上的配方表，准备好高筋面粉、黄油、水、糖、提子干，按照比例放进去。选择合适的功能，就能做出一份提子面包出来。

你可能不知道面包机工作原理，但这并不影响你做一个面包出来。

这些战略分析的模型工具，你可能也不知道模型是如何设计出来的，要素之间的因果关系是什么，为什么是这个因素而不是别的因素。咨询公司其实都是用这些工具来赚钱。

第二种运用智慧的方式，称为“高智学习”。高智学习的特

征是人们会努力理解知识的因果关系并用来指导以后的行动。它和低智学习的区别在于，人们会试着去了解工具和模型背后的原理。

人们通常会观察历史经验，理解深层次的因果结构，形成知识记录下来并进行传播，俗称“做学问”。

每项工具和模型都只能解决一部分领域内的问题，越具体的知识（包括模型和工具）越实用，越好用。但往往因为具体，所以会和环境、阶段都有关系。如果不了解要素之间的因果关系，就不知道到底用哪种合适的知识（模型和工具）更容易成功。

模型是现实复杂世界的简化版、缩微版、抽象版，制作模型的过程，便是简化现实世界的过程。在这个缩微版中可以更容易阐述、发现一些规律，也更容易传播和验证。

模型最吸引人的地方有三个：**化繁为简，普世适用，直击本质。**

经济学这个学科可以说是把模型的这三个特性发挥得淋漓尽致。

卡通人物形象是真实人类形象的抽象版、简化版。对于儿童而言，动画片中的卡通形象不是那么细节，更容易为儿童所接受。

地铁的路线图最初是完全按照实际地理信息和距离比例来绘制，弯弯曲曲，尽量贴近现实，但实际上这样的路线图不花上半个小时你可能根本找不到换乘站。所以后来有了聪明人，认为乘客最关心的是换乘和站点，我去哪里要坐几个站，所以路线图改成了直线，站点之间的距离并不完全和实际距离成正比。这样看起来，就是一个简化的地图。

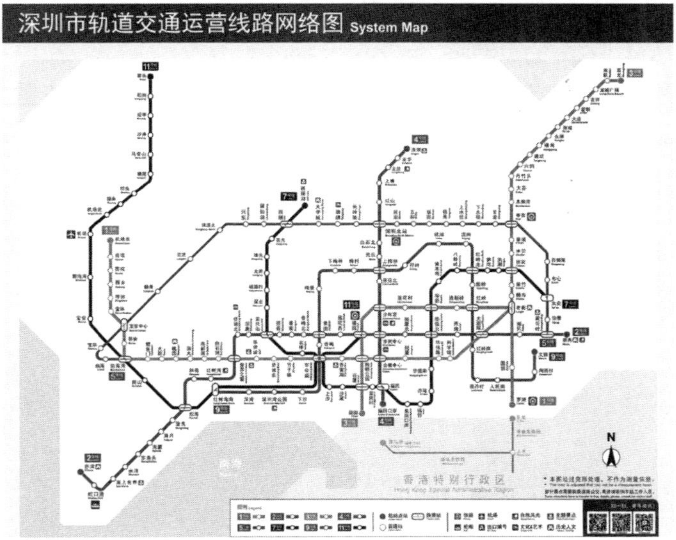

来看看前面提到的企业战略分析工具产生的年代。

SWOT 产生于 20 世纪 80 年代初，波特五力模型也是产生于 20 世纪 80 年代，VRIO 模型产生于 20 世纪 90 年代初，价值链理论于 1985 年提出，如今已是 21 世纪，时间距离过去约 40 年。

这 40 年间由于技术爆炸、产业革命、全球化、移动化等一系列变化，如今的环境和这些理论产生的年代完全不同。如果一味照搬，或者选择其一套用在当前企业上，往往适得其反。

这也是目前有些企业提出“没有战略的战略”的原因，当你还在一板一眼按照流程来分析企业，行业内的竞争对手已经用小成本快速试错，找到了方向。

但这并不是说那些管理工具、分析模型一无是处，事物存在必然有其合理性。我们需要注意的是，时过境迁，环境发生变化，思路也要发生转变。

注意：低智学习和高智学习没有高下之分，前者注重实用性，后者注重研究性。

为什么我们喜欢拿来主义

拿来主义，只需要复制成功的经验。因为不需要去理解经验背后的因果关系，所以使用成本非常低。

成功的经验能抓住事物的本质，可以达到理想的效果，但却不一定能准确地表达出来。这也是典型的“知其然而不知其所以然”。

举个例子，有些程序员在写代码的过程中，喜欢收集一些特定功能的源代码，然后复制到代码中，进行一些简单的修改。虽然很快完成了当前的开发任务，实现了软件的功能。但是这个源代码设计思路是什么，扩展性好不好，稳定性高不高，如果当时不去深入思考，在未来可能会付出一些代价，甚至要重写。

有些从大公司出来的创业者，或者出来到小公司做管理层，直接照搬大公司的管理方法，完整复制流程和制度，初期看着让一个公司从组织架构上、管理流程上能够表现得比较规范，但是不是合适，却很难说。

这也是为什么有些大公司出来的人到了小公司后，沿用大公司思维和做事方法，结果发现效果并不理想的原因。复制成功的经验比较容易，但如果不了解来龙去脉、因果关系，就很难变通，也就没有了适应性。

成功的经验通常是解决了实际问题而非抽象的理论问题。大脑不喜欢抽象的理论问题，这样你是不是能够理解为什么你看哲学问题的时候，大脑就开始发自内心的抗拒，看不到 10 行就开始昏昏欲睡了。因为动脑思考需要耗费大量的能量，大脑约占身体消耗能量的 20%，在思考复杂问题时，消耗的能量会更多，这也是为什么我们用脑会有疲劳感的原因，大脑发出信号，该休息休息了。

经验的缺陷

1. 经验不能忠实还原历史复杂的因果关系

我们所看到的历史，都经过简化和加工。这里所说的历史这个词，指的是记载和解释一系列人类活动进程的历史事件的一门学科。历史事件包括政治事件、军事事件、经济事件等。

历史充满了复杂的因果关系，但是作为一个需要复制、容易传播的经验，则必然需要具备几个因素——足以让人感兴趣、简单到足以让人理解、可信到足以让人接受。

要足以让人感兴趣，可能会进行一些事实之外的添加。

在不同的历史阶段，根据当时人类对于世界认识的水平，要想让人感兴趣，则需要有一些无法解释但难以让人怀疑的添加。例如古代皇帝登基，为了彰显君权神授，就会添加一些在现代人看来完全不会相信的神话色彩。

按照《史记》和《汉书》的记载，汉朝开国皇帝刘邦的母亲在湖边和神人梦中交合，天地变色，刘邦的父亲出来找妻子，发现妻子在湖边睡着了，边上还躺着一条蛟龙。那么刘邦有两个父亲：一个是养父，一个是生父。养父是刘太公，生父是蛟龙。关于刘邦出生的这段记载实在太神奇，以至于司马光在编撰《资治通鉴》时，都不好意思照搬。

简单到足以让人理解，需要对现实进行简化。

假如要生成一个完全符合现实的经济模型，那么其中包含的信息量大得惊人，恐怕一本书中有2/3的篇幅来说明当时环境的经济状况、政治环境、社会结构，需要加入很多变量进行描述，事无巨细。

为了便于人们理解，就必须进行取舍，对信息进行压缩，这种压缩是有损压缩，如果用音乐来比喻，相较于存储所有信息的CD，压缩成FLAC格式的数字音频，体积可以减少一半，音质依然无损。如果压缩成MP3格式，文件体积是原有的1/10，但是其中的音频信息必然受损，只不过这些有损的音频信息，对于播放的器材和人类的听觉系统而言，属于不容易察觉的部分，能够符合大部分人的需要。

可信到足以让人接受，需要对一些细节进行定量描述。

细节对提升可信度及说服力的作用是巨大的。

《黏住》一书曾提到，有研究表明，当律师在其辩护词中增添一些生动的细节时（即便这些细节根本与案情无关），往往能让他们有更高的几率说服陪审团。比如在一起争夺子女监护权的案件中，律师讲述了母亲每晚叮嘱儿子刷牙，并且给他购买星球大战牙刷的细节，陪审团就更倾向于将监护权判给母亲一方。

学者们诠释事物的因果关系的时候，试图既贴近现实又容易理解。但这两者是互相冲突的。有一些经验基于复杂的因果关系，如果面面俱到地描绘出来，会太过于复杂，人们会难以理解。越准确地描述现实，经验就越不好理解；经验越好理解，就越不贴近现实。

2. 经验的可靠性有折扣

在信息、数据时代，我们的生活中充斥着过量的信息，可是我们的决策却没有变得更加高效，原因就在于真正有用的那部分信息（我们称之为“信号”），实际上并没有增加多少，增加的反而是扰乱我们做出正确决策的“噪音”。

研究中实际观测或调查的一部分个体称为“样本”(sample)，研究对象的全部称为总体。为了使样本能够正确反映总体情况，对总体要有明确的规定；总体内所有观察单位必须是同质的；在抽取样本的过程中，必须遵守随机化原则；样本的观察单位还要有足够的数量。

样本容量是指一个样本中所包含的单位数，一般用 n 表示，它是抽样推断中非常重要的概念。样本容量的大小与推断估计的准确性有着直接的联系，即在总体既定的情况下，样本容量越大其统计估计量的代表性误差就越小，反之，样本容量越小其估计误差也就越大。

许多实验需要有足够的样本，样本越多，研究结果越靠谱。理论上样本量越大，越能反应总体特征。但样本数量并非越多就越好。因为样本数量越多，意味着投入成本要更大，在某个样本数量临界点上，超过的样本数量对于研究的结果帮助并没有很明显。

要警惕“平均数”这个概念，平均数容易掩盖真实。假如把深圳所有人均财富进行统计，普通的白领阶层和流水线工人的数量差距比较大，前者是后者收入的几倍，平均值毫无意义。如果把马化腾和任正非的财富也放进去，可以得出一个错误的结论，深圳人民早已全面进入中产阶级。

早期通过天线收看电视节目，如果要看起来清晰，则必须要信号强、噪声小。

但现实中往往信号弱（有用的资料少）、噪音大（无用的资料太多）、样本小（不具备参考性）。这可能导致最终在选择最佳方案的时候出现偏差，导致成功的几率大大降低。

如果要运用绩效考核的方法和理论进行管理，首先要面对选择哪一种绩效管理理论的问题。

例如 KPI（关键绩效指标）、OKI（目标与关键成果法），到底哪种更合适你所在的组织，需要考虑很多方面，例如组织成员的思维方式、所处的行业等，可能需要参考各种历史资料，寻找一些和你所在的公司或组织有最大相似度的可借鉴的经验。

3. 容易导致练习效应、优势抵消等副作用

微软的企业文化中有一个很有意思的地方，在面试的时候非常看重智商测试。所以很多年前，互联网上流传着许多微软面试的智力题。许多候选人为了通过面试这一关，做了大量的智商测试题目，经过有目的的练习，测试的成绩能得到一定的提高，但也可能掩盖了自身其他的不足。

一个人如果一直信奉某个经验，会越用越熟练，最后反而导致思维的局限。有句话说，胜任力和潜力此消彼长。一个人或者

组织，在某方面越擅长，潜力就越小。

优势抵消，指的是当经验变得不再具备唯一性的时候，所有其他复制、模仿者都会使用同一种模式或方法，最终导致资源浪费、红海竞争。

近年来，棋牌游戏领域诞生了一种卖房卡玩游戏的模式，随后棋牌游戏公司如雨后春笋般迅速增长，攫取了大量的利润。当后来者看到机会再复制这种模式进入的时候，却发现市场已经厮杀成一片红海，充斥着恶性竞争，难以生存。

启示

1. 直接复制前人或他人的成功经验是一种捷径，但这只适合因果关系并不复杂的事物。

2. 要小心那些流传已久的故事，无论是成功启示录还是个人、企业传记。

3. 不求甚解的拿来主义，虽然快速实用，但是可能会造成你十几年的经验实际上只是一年的经验重复了十几次，犯了几百次错误，实际上可能只是几种错误。

4. 越有趣、越简单、越细节的经验，离真实性越远。

5. 不要迷信成功的经验，经验是个好老师，但不是一个最好的老师。把经验替换成知识，也一样成立。

6. 使用经验之前，看看这些知识或经验的来源在哪里。

7. 历史的作用并非用来预测未来，未来充满各种不确定性。历史的价值在于诠释现在。

为什么很难突破自我

说个有趣的故事。

一个人去问得道的高僧，如何才能成佛。高僧说："忘掉喜马拉雅山的猴子，你就能成佛了。"

这人说："喜马拉雅山的猴子跟我有什么关系，我记着它干吗？"

结果他一辈子都没忘掉喜马拉雅山的猴子。

可控制的意识和自动化加工的意识

为什么你面试候选人的时候，选择了詹妮佛而不是杰克？因为你没有意识到是想雇佣一名漂亮的女性的愿望导致自己对詹妮佛另眼相看。为什么某人让你感觉很不舒服？实际上可能是因为某人长得像一位你憎恨的高中老师。

心理活动的许多方面都是在意识之外进行的。现代科学家最初认为认知和情感系统中的许多无意识活动我们并不能控制，分为自动化加工的和可控制加工的，这两者是互斥、绝对分开的。

自动化加工在没有目的的情况下完成，高效不需要干预，占

用很少的认知资源，无法控制和监控，属于无意识。比如估计物体的大小、距离的远近，这个人我认不认识、长得好不好看。占用很少的认知资源，就是不需要有意识的思考就能快速给出结果。

如何判断他人长得好不好看呢，你只知道结果，但是并不清楚推论过程。脸的对称性，黄金分割是美的要素，但如何判断脸的对称性，如何一眼看出黄金分割，大脑如何完成判断的，我们无从得知，因为这部分我们无从控制。

控制化加工则相反，有明确的目的，在有意识的情况下完成，可以控制和监视。需要很多精力，在认知资源受限时，它们会受到干扰。认知资源受限，有可能是太多事情需要思考，也可能是最近睡眠质量糟糕，表现为智力下降。

随着科学研究的进展和研究证据表明，实际情况是，许多加工一方面是自动化的，其他方面又是可控制的。这也说明，大脑也和现实一样不是非黑即白，还有许多灰色地带。

作为一名有经验的司机，可以驾驶很长的路程而没有意识到自己正在驾驶汽车。驾驶时毫不费力，可以一边听音乐，切换音乐，一边看风景，和副驾驶聊天，甚至一个人开车的时候思绪遨游天外，想着和开车毫无关联的事情。但是一旦发现有条小狗闯入道路，会立刻踩下刹车。

驾驶时毫不费力，是自动化的，但你是有目的的，可以有意识地让这辆车行驶。在过程中也不是不可控，你可以随时选择停止驾驶或者监控你的驾驶过程。

人们的许多情感和行为以及判断都是自动化完成的，难以控制。

那么我们哪些反应是自动化的，哪些物体和事件能引起自动化的情感反应呢？

有实验证明，汉字的顺序不影响阅读。

再来看这段文字：“实验证明，汉字序顺不定一会响影读阅。”

这里故意放反了一些文字的顺序，但并不影响你理解这句话，这是因为大脑的自动化意识加工后的结果。

人类进化的速度跟不上信息爆炸的速度，所有人类赖以生存的本能，在今日已经成为自身前进的绊脚石。

不可靠的内省

内省（Introspection），是心理学基本研究方法之一。内省法又称自我观察法，它是发生在内部的，我们自己能够意识到的主观现象，也可以说是对于自己的主观经验及其变化的观察。正因为它的主观性，内省法自古以来就成为心理学界长期的争论。争论于它是否客观，是否可靠。另外内省也可看做自我反省。

中国儒家也有和内省相似的观念，意指在内心省察自己的思想、言行有没有过失。

我们认为自己能够控制自己的主观意识，就好像我们能够去控制一个家用电器、数码产品的开和关一样。这导致我们容易产生错觉。我们的主观意识并非完全由自己决定，当我们自我观察的时候，很多主观意识实际上深受外界因素影响。

我们经常会忽视外界因素对自己判断和偏好的影响 。比如你偶尔听到和你同级别的同事告诉你那个业绩平平的下属在资助山区儿童，那么在业绩考核当中你可能会手下留情。也许你都没有意识到这种转变，但是当你知道他在做公益的时候，改变已经悄然发生了。

现代商家的广告策略和市场策略以占领消费者心智为主，不再突出产品本身功能先进性、实用性等特征，而是通过视觉、听觉、文化等感受，无形中塑造品牌，传递生活方式、价值主张、品牌文化等，逐步占领消费者心智。比如某手机赞助某知识媒体公司的跨年演讲，消费者不知不觉会把两者（手机、知识）关联起来。

初级的广告会直截了当展示产品，阐述产品多么好，多么先进，和街边的小贩叫卖自己的商品感觉一样。高级的广告从头到尾见不到产品，只有生活方式、情感体验、生活场景，再到结尾附上品牌标志。

人们没有意识到自己的判断和行为受到了影响，是因为他们否认了那些因素的作用。

有限的认知资源

认知资源是我们处理外部信息输入的能量池，你可以把它想象为电池里的电量，手机没电的时候会自动关机，什么事情也做不了。大脑的机制导致我们会在需要注意的焦点上投入主要的认知资源用以处理信息。

我们的认知和注意力资源是有限的，在进行某一项对认知要求高的任务时，我们会分配很少的资源给其他的任务。当你的上级和你说话的时候，你会高度集中注意力，却根本没有注意到其他人的表情，因为你知道如果没有及时听到上级的想法后果有多严重。当我们在滂沱大雨中的高速公路上驾驶汽车，你的注意力会集中在雨刮器刮去雨水之后的路面状况，而此刻你根本没有心思注意到车载音乐放了什么歌，因为此刻生命安全的重要性明显比精神娱乐要高。

负责分配认知资源的装置像一个筛子，会自动过滤掉我们没有注意到的信息。过滤之后的信息才会传递给知觉（也有理论说是在知觉后，在记忆之前，当前更偏向多阶段理论，认为在不同场景下，发生的阶段也会不同）。因此筛子也会成为我们知觉的瓶颈。

以阅读举例，我们以为能够看见整页或者整个画面，实质上，我们只能看见一个点，筛子会自动过滤掉点周围的信息（文字和图像）。这也是为什么我们要一行一行阅读，以及为什么更喜欢看单反拍摄的有虚化背景的照片的原因——我们更喜欢看对焦清晰的画面主体。

当你在聚会中喝着酒，和一位朋友愉快地聊天，这时候你虽然听得见其他人在聊天的内容，但是你不会注意他们在说什么。但如果某个人突然提到你的名字（只是提到，并不是和你打招呼），你会立刻捕捉到这个信息，会去看是谁在提到你。这叫作“鸡尾酒会效应”。

捕捉你的名字这部分工作实际上是意识自动化完成的，意识自动化加工的过程十分高效，几乎只占用你大脑的很少资源。一且你开始介入，希望控制意识的时候，效率开始变得低下，还占用了大量资源。

性质相似的两种任务不容易同时完成，性质不同的两种任务容易同时完成。例如跑步和听音乐属于性质不同的两种任务，左手画方右手画圆则属于性质相似的任务，难以同时完成。

意识到失眠为何更容易睡不着

当你阅读如下文字的时候，**请试着不要去想你的手机（切记）**。

我们能够将注意力集中在重要的事情上，忽略掉无关的事物，但有时候，你也会发现，当你饿了的时候，你想的都是吃的。当你失眠的时候，你想的都是让自己怎么入睡，反而越想越睡不着。而且我怀疑你在刚才一直在想你的手机，尽管你一直试图按要求的那样不要去想。

我们心理控制的努力通常产生的不只是失败，更糟糕的是我们试图抑制的某种思想反而得到加强。也就是说，越试图控制思想，越不能控制。

这是为什么？

问题的关键在于心理能量的可利用性。当人有充足的认知资源时，心理控制能够成功。但人的认知资源因为疲劳、全神贯注或其他原因耗尽时，心理控制便会失败，而且会导致反向逆转——怕什么来什么。

成功的心理控制包含两步：**需要抑制不想要的思想，以及需**

要记住什么是我们要努力抑制的。

实现这些目标需要如下两个过程：

1. 有目的地在大脑中搜索分心物。当我们饥饿的时候不去想食物，必须寻找其他事情来想——工作、朋友、娱乐、书籍、电影，除了食物以外的东西。这种搜索过程是我们可以控制的，同时也需要花费精力，当认知资源被耗尽的时候，就会失败。

2. 抑制目标的自动化监控过程。为了努力不去想食物，我们需要监控一切与食物相关的思想。这种监控是在你下达不去想的指令之后自动执行的，需要很少的精力。

两个过程缺一不可，同时起作用，才能产生成功的心理控制。当我们有足够的认知资源时，对不想要食物的搜索和监控一直在自动化进行着，想要食物的思想苗头出现时，就会开始启动新一轮对分心物的搜索。

如果这时候，认知资源开始不足，那么第一个过程就会失败，但第二个过程仍在进行，此刻我们无法避免受到这些思想的影响，那么反而加强了自己希望抑制的思想强度，我们想要食物的思想更为强烈。

回到失眠的问题，失眠的起因有如下几种：

1. 病理性失眠，这需要看医生。

2. 压力及焦虑导致的心理性失眠，这种情况最为常见。解决方法是找到焦虑和压力的源头，判断是否可以解决。前提要保证有足够的认知资源，这样才能有效抑制。

如何提高认知资源

心理学界有一部分观点把认知资源和心理能量画上等号，但心理能量到底是什么，一直颇有争论。

我对于认知资源的理解在前面有提过类似于电池电量一样，认知资源也好，心理能量也好，既然都是资源和能量，那么就存在一个能量多少、资源多少的问题。

解决认知资源不足的问题，有三个方法。

第一个方法是提升容量。容量大了，认知资源储备就多。像汽车一样，油箱更大，跑的里程越多，活动范围更大。人类的脑细胞和神经突触再生的速度，取决于人类对大脑的使用频度和深度。所以使用大脑的频度越高，思考的层次越深，越有利于提升认知资源的储备能力。

第二个方法是提升认知能力。认知能力提升之后，对于认知资源的使用更为高效，同样数量的认知资源，在更高效的引擎（认知能力）下，发挥的效果会更好。同样以汽车为例，引擎更高效，减少了汽油能源的浪费，同样的资源可以跑更远的里程，活动范围更大。

第三个方法是提升认知资源的生产效率。认知资源的特性之一是可再生，如果不可再生，人类的认知能力就会停滞不前。把汽油从石油中提取出来，利用硅转换太阳能为电能，大脑负责认知的引擎从知识和经验中提炼认知资源。

综上所述，提升认知资源的核心在于提升认知能力和效率。

我们可以从中得到什么启示？

本文阐述了认知资源理论——资源限制理论、双重加工理论，理解意识工作的机制，了解为什么有时候我们越不去想某些事情，对这些事情的记忆反而会加深。

了解我们的意识有一部分是自动化进行的，可以避免思维中的一些误区或偏见。

人的认知资源有限，所以在很多时候，我们只会关注到想关注的事物，这样会遗漏一些很小但很关键的细节。

当我们做一些判断的时候，要仔细想一想，真的是没有受他人和环境的影响吗?

认知资源很稀缺，如果不能让自己专心避免干扰，那么大脑会分散注意力，导致不能很好地完成工作。这也是番茄工作法原理的理论来源。

理解在认知资源稀缺的情况下，思想抑制反而会导致事与愿违。

提升认知能力，会在思维上变得更为理性，效率更高，能力更强。

喜马拉雅山的猴子

一个炼金术师迫于无奈来到一个贫穷的小村落。

他和那里的村民们相处了一年的时间。

在他即将离开村落的时候，村民提出要求，向他学习炼金术以便以后可以维持生计。

炼金术师给他们讲了本节开篇那个一只喜马拉雅山上猴子的

故事。之后，炼金术师告诉他们炼金的要领就是忘记那个故事里的猴子。

在接下来的100多年里，这个村落里的祖祖辈辈都把时间花在忘记那只猴子身上。

至于炼金，村子里没有人成功过。

你是不是从头到尾也在想那只猴子？

如何看透事物本质

2017 年初，中国互联网知识媒体圈开始讨论 “第一性原理”。

“第一性原理是超越因果律的第一因，且是唯一因，同时第一性原理一定是抽象的。”把这句话翻译成容易理解的文字就是：第一性原理是事物唯一的源头，是抽象的，而且比因果律更高级。这个理论告诉我们，**看透事物的本质，要把事物分解成最基本的组成部分，从源头解决问题。**

因果律是指所有事物之间最重要、最直接（可以间接）的关系。表示任何一种现象或事物都必然有其原因，因果律与时间次序的关系是与以牛顿力学为代表的绝对时空观自然相容的。在绝对时空观下，时间是一个参量，与空间、物质和观察对象等无关。任何事件可以为一个时间所唯一标定，两件事情的时间次序是绝对的、唯一的。宇宙从大爆炸那刻起，已经决定了整个宇宙的形态。

2000 多年前，亚里士多德对于第一性原理是这样表述的：“在每一系统的探索中，存在第一原理，是一个最基本的命题或假设，不能被省略或删除，也不能被违反。”

第一性原理也不是一个新概念，是个计算物理专业名词，广义的第一性原理计算指的是一切基于量子力学原理的计算。第一性原理就是从头计算，不需要任何参数，只需要一些基本的物理常量，就可以得到体系基态的基本性质的原理。

还记得爱因斯坦的质能转换方程 $E=mc^2$（能量 = 质量 × 光速的平方）公式吗？这就是把物质和能量的关系用一个最简单的公式表示出来，实现了宏观世界的大一统。这就是宏观物理世界的第一性原理。欧几里得几何学的五条公设，其中一条是任意两个点可以用一条直线连接。这五条公设被亚里士多德称为第一性原理。

埃隆・马斯克（Elon Musk），是 PayPal（贝宝）、SpaceX（太空探索技术公司）、环保电动汽车公司 Tesla（特斯拉）以及 SolarCity4 家公司的 CEO。除了特斯拉电动汽车，他还造火箭运卫星，甚至认真地提出了火星移民计划。他是现实中的钢铁侠，相信大部分人都知道他。

2017 年这个原理突然在互联网火爆起来，创业者们如获至宝，各种解读，每个创业者见到投资人被问的第一句话就是：你这个商业模式第一性原理是什么？创业者汗如雨下，回去第一件事就是上网查资料。

为什么投资人会这么问，这是因为埃隆・马斯克告诉大家他成功的秘密是运用了第一性原理作为思考的框架：**打破一切知识的藩篱，回归到事物本源去思考基础性的问题，在不参照经验或其他的情况下，从物质 / 世界的最本源出发思考事物 / 系统。**

“我相信有一种很好的思考架构，就是第一性原理，我们能够真正地去思考一些基础的真理，并且从中去论证，而不是类推。我们绝大多数时候都是类推地思考问题，也就是模仿别人做的事情并加以微幅更改。但当你想要做一些新的东西时，必须要运用第一性原理来思考。”

在制造电动车特斯拉的过程中，最大的成本来源于电池组件。研发团队发现电池组件成本要600美元/千瓦时，但埃隆运用第一性原理思考，把电池分为各种金属元素以及其他成分，再对生产流程、产地、供应链每一部分进行优化，最终将电池组件成本降低到80美元/千瓦时。

开发火箭的时候，马斯克思考的第一步就是“组成火箭的材料有哪些”这一根本问题。答案是：航空用铝合金，还有钛、铜和碳素纤维。接下来的问题就是：这些材料的市场价格是多少？马斯克得到的答案是火箭的制作材料所花费的金额仅仅是火箭整体开发费用的2%。这个比例如果和其他机械产品相比简直就是小菜一碟。从此以后他便开始将“大大降低火箭的总成本”作为开发的根本问题。

人们思考问题的时候，习惯采用类比思维（比较思维），比如买彩票的会去分析过往每期的中奖号码，试图找出规律。更别提股民们分析股票周期、经济周期，房地产行业喜欢和美国、日本同时期的变化趋势相比，试图找出中国的房价未来走向。类比思维在过去的时代也许可以用，一个时代跨度很长，发展缓慢的时候，变化并不大。但是在如今信息增长爆炸，每天都有创新，人类崇尚颠覆式思维的时候，找规律似乎已经难以适应时代变化了。

应用到工作中，如果你作为一个管理者正在带领一个研发团队。业务部门反映研发团队对业务支持响应太慢，一个业务需求要很长的时间才能完成，研发效率低就成了一个迫切需要解决的问题。通常的做法就是让大家加班，于是互联网科技公司天天灯火通明，一旦有人不想加班了，leader 就说哪有程序员不加班的。

这就是习惯性从别人经验里复制过来的类推思维。简单地认为提高效率就是在指定时间段里做更多的事。实际上效率并没有提升（单位时间产出并没有增加），因为实际上人员的效率并没有提高，只不过是通过增加时间来增加产出。

用第一性原理解决问题，先找到事物本源——效率可以定义为单位时间产出，把研发过程按时间段分为需求明确、编写程序、测试程序、系统程序上线几个阶段；然后再把每个阶段细分，例如明确需求阶段，可以细分为产品经理制作原型、产品经理与研发经理讨论需求、研发经理分析需求、研发经理进行排期几个阶段。

这个过程衔接是瀑布式工作，上一环节完成再交给下一环节，是典型的串行工作，就像接力赛一样，任何一个环节慢了都导致整个过程慢。**每个阶段都可以一直细分下去，直到无法切分，所有的问题节点都能被发现。**

那么如何解决呢？把瀑布式开发过程演进成螺旋式迭代开发，在产品原型制作的时候，研发经理就开始与产品经理进行需求讨论，产品经理同时细化需求，研发经理分析需求，在产品需求文档 PRD 出来的时候，研发的排期就完成了。这样的改变能把整个研发周期缩短 1/3 甚至一半。

这是一个非常简单的例子，仿佛体现不出第一性原理的威力。但是一旦你想尝试做一件从来没有人做成功的事情，或是从来没有人认为能成功的事情的时候，就会发现用第一性原理来思考会达到事半功倍的效果。

使用之前首先要找到事物的第一性原理，然后再从本源出发，逐步论证。

第一性原理的思维方式**首先强调质疑**，不轻易接受否定的答案。世界是发展变化的，以前人们做不成的事，后来条件变化后可能做成。不能因为很多人说不能做就不做，受思维定式局限。很多结论实际上是在特定的时间段和环境下不成功后得出的，更多的是因为时机和条件不成熟，并不能代表这件事是永远不可能实现的。

苹果在 1983 年推出了智能掌上电脑牛顿，像如今的大屏幕手机，用手写笔书写。但是售价太高，1983 年的 700 美元如果按 1 ： 10 的汇率相当于如今的 14 万元人民币（从通货膨胀来看：按照最基本的生活必需品大米价格来算，1983 年，米价每斤约为 0.15 元左右，2017 年约为 3 元，按照米价折算，1983 年的 1 万元相当于现在的 20 万元）。所以这注定是个因为太超前而失败产品，时隔 24 年后，苹果推出了 iPhone，大获成功。

其次强调实验，用实践去验证。硅谷一位风险投资家说过，很多聪明的人喜欢用类比推理，但是很少有人真正动手去做个实验。世界上读书的人很多，思考的人很多，但真正动手的人很少。假设想出同一个创新想法的人有 1000 个人，其中有 100 个人去论证想法怎么变成行动步骤，100 个人中只有 10 个人去动手实现，最后可能只有 1 个人成功。

到这里，我们已经讲完了第一性原理的定义、原理、应用。

定义问题比解决问题更重要

重复阅读本篇文章直到彻底理解，你就拥有了一项受用终身的超能力。

什么是重新定义问题?

我们每天都要遇到各种各样的挑战，在工作和生活中，挑战无处不在。你可以选择避开挑战，然后过着平庸的日子，羡慕着那些迎难而上打上优秀标签的人，一边给自己找出各种理由，然后再怨天尤人地让自己安心睡觉；也可以选择拒绝平庸，面对挑战，然后撞得头破血流，直到成功。

挑战以问题的形式张牙舞爪地出现，就像是角色扮演游戏里的大小怪，有大问题有小问题。小问题我们能轻松解决，大问题就像每一个关卡的小 Boss，解决起来会感觉到吃力，但最终也能勉强解决，只是不那么轻松而已。

大多数人遇到问题的时候，会立刻去寻找解决问题的方法，而没有想过我们是否需要重新审视问题，然后再重新定义，发现真正的问题，真正的问题被解决了才是彻底完美的解决。

软件加载时需要花费时间的问题一直困扰着产品经理和技术人员，于是在软件加载的时候，有了旋转的菊花，有了各种吸引人的动画，这一切都是为了转移等待时的注意力。有一款手机视频处理软件，在生成视频的时候需要花费一些时间，这比软件加载的时间长多了，你总不能一直让菊花转下去吧，弄不好用户一急之下就退出软件。

热心用户反馈：你们的软件太慢了，视频处理能不能再快一点。

于是产品经理反馈给研发，研发人员拼命地想办法优化性能，找更好的算法。但是收效不明显，和同行软件相比，速度已经快到似乎无法再提高。眼看就要被炒鱿鱼，产品经理想破了脑袋，终于发现问题的根源不在于软件性能太慢，而是用户等待时的注意力不能分散。

所以绝望得快没头发的产品经理想了一个方法，在视频处理的时候，屏幕上划出一块区域用来给用户玩连连看游戏或者是消除匹配游戏，还记录下每次用户在全球的排名，于是用户很快就忘记了等待时的不愉快，开心地玩起游戏来。

再说一个例子。

去年年底的时候部门做过今年的人员预算，当时根据今年的业务规划评估分析出需要新招聘 20 多人。过完年后，经过分析我把招人的指标主动减少了 3/4。

和老板沟通，老板赞叹完我的高瞻远瞩之后，成竹在胸地给出六字真言："一个都不能招。"

我就回答了一个字："好。"

我从来不怕挑战，但是一想到同事们热切盼望我的好消息的神情，就觉得这是个令人头大的问题。

每个 Leader 都会遇到日益增长的工作需求和有限的人员之间

的矛盾。从表面上看，多招几个开发人员就能解决人手不足的问题。

可是，如果招人或者多花钱就能解决问题，我还需要你来做 Leader 吗？随便找个人都会这么做。

那么真正的问题是缺人吗？试着重新定义问题。

先了解部门人员之间的分工，以及工作中存在的瓶颈，重新梳理组织架构。

最后发现真正的问题在于，人员的工作效率不高。例如测试人员还停留在手工测试，组织架构不合理，导致人员难以调配以及团队成员能力发挥受限。

发现真正的问题，解决问题也就不在话下。

如何拥有重新定义问题的能力?

重新定义问题也可以理解为发现真正问题。

1. 不要停留在问题的表面现象上

由于思维惯性使然，人们在看问题的时候，容易只看见问题的表象，思维被框在问题的表象中，看不见核心的问题。

对问题连续问 5 个为什么（5WHY），就能找到核心的问题，核心的问题就像是俄罗斯套娃里面最小的那个。

5WHY 向上用来问目的（为什么要这样），向下用来问原因（为什么会这样）。

5WHY 从三个层面来实施：

a. 为什么会发生？从“生产”的角度。

b. 为什么没有发现？从“管理”的角度。

c. 为什么没有从系统上预防事故？从“流程”的角度。

每个层面连续 5 次或 N 次的询问，得出最终结论。只有以上三个层面的问题都探寻出来，才能发现根本问题，并寻求解决。鼓励解决问题的人要努力避开主观或自负的假设和逻辑陷阱，从结果着手，沿着因果关系链条，顺藤摸瓜，直至找出原有问题的根本原因。

举例：

问：为什么系统上线出了 bug？

答：因为测试人员没有发现这个问题。

问：为什么测试人员没有发现这个问题？

答：因为测试人员是新同事对业务不熟悉。

问：既然是新同事为什么没有安排业务培训呢？

答：……

表面上是测试人员的问题，实际上是管理问题，问题的根源在于没有对新员工进行必要的业务培训，就开始工作，导致系统出了 bug。

但这只是解决问题的一种方法，还不是重新定义问题。

如果我们把解决问题当作是一种能力，那么重新定义问题则是更高级的能力。

在我们遇到问题立刻准备尝试解决问题之前，不如换一种思路来看问题，试试不同的问题表述方式。

问题的本质是人们对于期望的结果与实际体验的差距。

假设用浏览器打开一个网页，网页能够瞬间加载展现，这是人们期望的结果，但如果因为各种原因，例如网速慢、图片多，打开一个网页要 5 ～ 10 秒，这是人们实际的体验，当期望的结果和实际的体验有差距的时候，问题就出现了，差距越大，问题越大。

这个问题可以有如下几种描述和解决方式：

a. 网页程序有问题，加载内容太慢，看来是时候让程序员来优化代码了（通常的解决方案）。

b. 网络环境不好，提醒用户上网尽量在 wifi 环境下使用（不靠谱的解决方案）。

c. 网页加载时间过长导致用户产生焦虑，让程序员在网页加载的时候显示一些有趣的动画或者提示分散注意力（不同的解决方案）。

所以，不同的问题表述方式，实际上代表着不同的解决方法。

2. 培养批判性思维

批判性思维是高于自然思维的一种思维方式，自然思维是指依照本能的方式去思考问题，比如下棋时候的思考就是自然思维，而棋下完了进行复盘的思维就是批判性思维。

批判性思维有一定难度，要求思考者站在中立的角度，利益无关的角度，没有立场，客观而不是主观，这样才能更有全局视角。

站在中立的角度是为了甩开利益相关带来的干扰，避免感情因素干扰。

对接收到的外部信息要抱有疑问，尤其要警惕只有结论没有论证过程的信息。在自己下结论之前先问问自己，真的是这样吗？

等电梯的时候为什么有媒体播放播放视频广告，第一可以解决用户等待电梯时的焦虑感，第二可以传播媒体广告带来流量。

“为他人考虑”和“站在他人的角度考虑”是两个完全不同的概念。

作为家长在教育孩子的时候，总是一副“我是为了你好”的口吻来告诉孩子“不要沉迷游戏，这样就没有时间去读书”，这是“为他人考虑”的思维方式。

“站在他人的角度考虑”应该说：“游戏虽然好玩，但是玩游戏会让我们错过更多有趣好玩的事物，不如我们出去玩吧。”

获得超越局限的创造性思维

当我们遇到问题的时候，我们大脑里预设的知识和经验会让我们局限在一个框架里，然而问题的答案很有可能存在我们的框架之外，这是我们面对问题束手无策的主要原因。预设的框架会让我们变得局限，问题仿佛无解。这也是外行有时候能启发内行解决问题的原因。

外行能够不受行业经验的限制，虽然提出的设想天马行空，看上去不切实际，但如果认真地思考，我们也能从中借鉴一二。君不见，颠覆者往往都是不守规则、不因循守旧的代表。做电脑的苹果公司 CEO 乔布斯用 iPhone 智能手机颠覆了诺基亚，因为他重新定义了手机。

微信颠覆了电信运营商，电商颠覆了传统零售业。在互联网时代，这样的例子比比皆是。

外行为什么能颠覆内行？关键有两个原因，第一是内行被固有思维局限难以创新，第二是不知道前景如何的创新可能会损害现有业务的利润。

现代的互联网企业已经意识到这个问题，与其让他人颠覆，不如自我颠覆。我们受益于自己的经验和知识，但同时也受限于同样的经验和知识。

善用观察力抓住机遇

观察分为两种，一种是感官层面，一种是思维层面。或者也可以理解为一种是对实体的观察，一种是对虚拟信息的观察。而后者更多体现为洞察（深入事物或问题的能力），本质上是通过观察这种行为，捕捉到事物的本质。本篇主要讲述思维层面的观察力。

为什么以前没有买比特币？房价还能涨多久？大企业为什么要有舆情系统？当一家企业忽然开始充值大赠送业务意味着什么？

一些观察力敏锐的人通过比特币实现了早期的财富积累。

比特币 2009 年出现，2010 年 5 月 21 日一位程序员用一万个比特币购买了价值 25 美元的披萨，这项交易诞生了比特币第一个公允汇率。

2011 年 2 月 9 日比特币价格首次达到 1 美元，比特币与英镑、巴西币、波兰币的户对交易平台先后开张。

到 2017 年 11 月的时候，价格是 2 万美元，目前即将突破 4 万美元，比特币 8 年翻了 754 万倍。这世界上还有什么东西涨幅如此之高呢。有很小的一部分人因为比特币而实现了财务自由。

比特币有几个特点，第一个特点是比特币没有央行负责发行，它是用算法产生的，数量趋近于2100万，无法增发，具备稀缺性；第二个特点是比特币可以和法定货币兑换；第三个特点是比特币是电子货币，通过网络流通，没有地域限制。

我们要做什么样的改变，才不会错过下一个“比特币”？

什么是观察力

观察力具备如下三个特征：

1. 有目的性

需求是第一驱动力。

观察事物需有明确的目的，不带目的性的观察不能称之为观察，可以称之为走马观花，随便看看，漫无目的地浏览。如果你对一种事物没有目的性，大脑会认为这是一个不重要的事物，也不会浪费宝贵的记忆，甚至都不会进行信息处理。左耳进右耳出，过目即忘。

人的大脑会根据事物重要性来决定事物在大脑中的位置和待遇。假如一个心仪的异性要和你约会，在见面前，你的心跳开始加速，感觉到紧张。见面后你会不由自主地观察对方的每个动作、表情，即使在分开之后，也能记住每个细节。这种观察带有强烈的目的性。

与之相反，假如和你无关紧要的人，你可能都不会注意对方今天穿的是什么款式的衣服，更不会注意对方说了什么话。

如果你有买房的目的，那么你自然会去留意所在城市各区域房价变化，关注房地产业最新消息，对政府的调控政策十分敏感，也会主动去学习相关知识。

目的不一样，采取的行动也会不一样。

如果是解决刚需住房，那么别观察了，有能力就去购买，房价未来的涨跌和你没有关系。如果是用于资产保值做投资用，那么就需要有计划性的观察。

2. 有计划性

计划的作用并不是保证任务一成不变，大部分人都无法在时间上按计划进行。

让我们先忘记时间这个维度吧，这里的计划指的是观察前的准备工作。

有计划，考虑更为全面，没有计划则容易没有条理，并且发生遗漏。

观察什么，怎么观察，先后顺序是什么。

继续以买房举例。

买房需要观察房价走向，是先观察城市还是观察全国呢？是先了解不同区域还是仅了解当前所在区域的呢？是不是需要了解国家的发展规划之后，再了解当前城市的房市政策？是否需要学习一些经济学的知识，或查找相关数据呢？从哪里找这些数据？

而这都需要有个计划，和传统意义上的计划不同之处在于，没有准确的时间点，只有大概的阶段，并且随时准备改变计划。可能称之为实施步骤、行动指南更为贴切。

你可以随时放弃，那么一同放弃的除了计划，还有你观察的目的。

3. 思维的知觉

凡是流于表面的都不深入。

观察力是认知能力重要的组成之一，可以通过有意识的训练得到提升。

但我们不要仅仅局限于表面，而是要深入思考现象背后的原因是什么。

以房价举例，这几十年来，主流媒体一直在放大楼市泡沫，主要针对一线城市的房价。一线城市的房价高得惊人，许多人持币观望，期待房价降低的那天买入，结果越来越贵，越来越买不起。

我们知道，商品的价格和稀缺性有关。

京津冀、长江三角洲、珠江三角洲三大城市群，以 2.8% 的国土面积集聚了 18% 的人口，创造了 36% 的国内生产总值，成为带动我国经济快速增长和参与国际经济合作与竞争的主要地区。

我国城镇化水平一直在稳固增加，整体趋势为农村的自然村向行政村整合，行政村的村民逐步到城镇生活，城镇向城市迁移，逐步上升，最顶端为一线城市。

一线城市有最好的资源和机会，在房价还没有高到今天的程度时，流入人口远大于流出人口，但近期部分城市出现了流入人口负增长的情况，表面上看起来是逃离北上广，但仔细看看流入人口和流出人口的人才结构，可以看出，流出的人口大多属于制造业，流入的人口大多属于信息科技和金融业。

这说明，离开的人群并不能降低城市的购房率，因为这些人群本来就无力购买。10 年前民间就出现“逃离北上广”的口号，10 年后，这个口号还在喊，房价并没有降低。一些有远见的人，在别人唱空的时候，不声不响地买了多套房，到如今已经可以实现基本的财务自由。

房价上涨的背后，原因有很多，是多方博弈的结果。能涨多久，要根据不同城市的发展情况来判断，还与政府的产业规划、国土规划有关系。即使在同一城市里，也会有部分区域不怎么涨，部分区域继续涨的情形。

本文不讨论房价未来的走势，之所以说这些，是为了说明观察并不是人云亦云，而是需要自己动手搜集信息和数据，并进行分析。通过自己的知识储备，对现象进行判断，做出符合当前形势下的最优决策。

提高观察力的意义

1. 能够发现事物的本质和特征

本质，指本身的形体，本来的形体；指事物本身所固有的根本的属性。

当我们意识到凳子的本质是一个可以让人们坐的物体，那么就可以脱离原有的材质和形状，制造出各种材质和不同形状的凳子。

特征是一个客体或一组客体特性的抽象结果。特征是用来描述概念的。任一客体或一组客体都具有众多特性，人们根据客体所共有的特性抽象出某一概念，在心理上的反映，该概念便成为特征。例如哺乳动物的特征是：用肺呼吸、体温恒定、哺乳、胎生。抽象是人类有别于其他生物最重要的能力，是人类智慧起源的重要基础。

我们判断一个好的商业模式的特征是：合理分配每个相关者的利益，并且有易于实现的交易结构。

现象是事物的外部联系和表面特征，是事物本质的外在表现。现象具有表面、多变、丰富多彩、肤浅等特点。而本质是事物的内在，具有隐藏性、相对稳定、单纯、深刻等特点。两者相互依存，现象是我们发现认知事物本质的向导。从人的认识方面看，事物的现象可以为人的感官直接感知；隐藏在事物内部的本质，由于它的间接性和抽象性，只有借助于理性思维才能把握。

假象从否定方面表现事物的本质，给人一种与事物完全相反的印象，掩盖着本质。假象的存在明显表现出本质和现象的矛盾。因此不能简单地把现象与本质等同起来。马克思说："如果事物的表现形式和事物的本质会直接合而为一，一切科学就都成为多余的了。"(《马克思恩格斯全集》第 25 卷，第 923 页）人们认识事物，就是要透过现象认识本质，把握事物的发展规律。这是一个艰苦、反复的过程。只有在实践中通过对多方面现象的分析研究，去粗取精、去伪存真、由此及彼、由表及里，才能实现"从现象到本质、从不甚深刻的本质到更深刻的本质的深化的无限过程"(《列宁全集》第 38 卷，第 239 页）。

在寻找事物本质的过程中，要警惕假象的干扰。明月当空，仿佛月亮会发光一样，这是一种假象，实际上是月亮对太阳光的反射。筷子插在水里，可以看见筷子是弯的，这也是假象，实际上是光线在水中的折射。这是由于光的直线传播和在媒介中的折射属性导致的。

房价的高涨是表面现象，实际是市场投资的有限性及货币增发导致的一种假象。市场经济中的价格本质是供求关系。越稀缺的事物价格越高，重点中学的学区房的价格超出普通中学的学区房至少 20% 以上。

对于一家创业公司来说，用资本制造出来的用户规模、交易额是一种假象，创业公司的本质也是做生意，做生意的本质是赚钱。

2. 发掘难以察觉的潜在信息并抓住机遇

观察力在本质上属于思维能力，体现出你能看多远，当大多数人只看到眼前的时候，如果你能超出大部分同时代的人，看得更远，那么你自然能够抓住机遇。

如何提高观察力

1. 求知探索精神

保持好奇心，兴趣是求知探索精神的前提。科学进步，知识更新都是得益于人类的求知探索。求知探索精神又是丰富知识储备的前提。

需求是第一驱动力，求知探索应该从实用性的角度出发。

2. 善于捕捉变化

敏锐的观察力，重点在于善于捕捉变化。从微观上来看，变化的瞬间很短，例如人的表情细微变化、肢体语言的变化。从宏观来看，社会环境的变化、政策的变化，都有一定的征兆和前奏。

3. 背景知识储备

知识储备从来不嫌多，储备越多，越有利于做出正确的判断。知识储备就像武林高手的内功一样，内力越多的内功越强，仅仅是内力雄厚还不够，还需要有能力使用内力，这个能力便是各种思维框架和方法论。

4. 归纳推理

归纳法是对观察、实验和调查所得的个别事实，概括出一般原理的一种思维方式和推理形式。归纳推理是指从某个已被检验的前提推论到未被检验的结论。前提成立无法保证结论的成立。

只要我们尝试从有限的数据中得到一个普遍结论，一般都离不开归纳推理。比如通过对少数几个行星的观测适用万有引力定律，推论出所有物体适用万有引力定律，即归纳推理。

人类知识大部分来源于归纳推理。

罗素有个著名的火鸡理论。

火鸡农场里，有一只智商出众的火鸡，它发现每天上午9点在一个固定的地点能够发现食物，但是作为一只火鸡中的归纳主义者，它并不立刻向其他火鸡宣布这个伟大的发现，而是日复一日地观察和记录，包括不同的季节，不同的天气。经过9个月后，它根据记录的数据进行分析并归纳推理，得出一个结论：食物在每个上午的9点会出现在一个固定的地方。

根据这个结论，于是它每天9点准时来到食堂，总能第一个吃到食物。圣诞节前夕的那天上午9点，这只火鸡又第一个到了食堂，等来的却不是食物，而是被农场主拎走做了感恩节大餐，它通过归纳概括而得到的结论终于被无情地推翻了。

火鸡理论虽然是罗素对归纳主义者的讽刺，但不可否认的是，虽然归纳推理不能保证结果一定正确，但其过程中能够为科学发展带来新的知识。科学始于观察，观察为科学知识提供赖以确立的可靠基础，而科学知识是用归纳法从有限的观察陈述中推导出来的。

科学这种知识体系，虽然不是终级真理，但因为具备“客观、逻辑、实证、可重复检验”的特点，使它成为人类认识客 观世界最可靠的标准。由于人类认识能力的局限性，这种最可靠的标准在将来很有可能会被推翻，但在当前的条件下，这已经是人类认识能力的极限了。

5. 对观察的反思

观察的过程是信息收集的过程，过程中的思考产生了观察的结论。对于这个结论，进行反思有助于发现结论是否正确、全面。

反思是对整个推理过程的回溯，是对已产生结论的质疑。可以假设完全相反的结论是否也成立，如果完全相反的结论也可以成立，那么之前的结论就有可能不正确，不具备参考价值。

6. 把观察当成一种习惯

把观察当作一种习惯，刚开始的时候可能会有些不适应，任何思维上的习惯，都需要花时间和毅力去坚持。最高的境界莫过于看见任何事物都去思考，就像吃饭、喝水一样自然而然。

就像驾驶手动挡汽车一样，手动挡的车需要根据发动机转速（看转速表或者听发动机声音）和实际路况来变换挡位，刚开始的时候，容易手忙脚乱，仿佛整个人都变笨了，开上一段时间之后，就会发现换挡这个动作已经不需要进行思考，几乎是下意识的行动。

如何抓住比特币的机会

请注意，如下内容不判断比特币到底是泡沫还是金矿，仅从分析的角度来论证观察力。

1. 要有货币基础常识

货币的本质是交易合同的简化物。成为货币要有几个特质：可量化（数量可分割）、可持久（不易变质）、交易双方可信（进一步可被市场中的各方所信任）、交易双方难以制造或获得（故难作弊）。

2. 了解区块链技术

比特币用分布式记账的底层技术摆脱了第三方机构的制约，中本聪称之为“区块链”。用户乐于奉献出 CPU 的运算能力，运转软件来做一名“挖矿工”，这会构成一个网络共同来保持“区块链”。

“交易”是比特币区块链系统的核心，“记录交易”是区块链系统的设计原则，也是区块链设计思想的核心之一。

3. 关注密码学

2008 年 11 月 1 日，一个自称中本聪 (Satoshi Nakamoto）的

人在一个隐秘的密码学讨论组上贴出了一篇研究报告，报告阐述了他对电子货币的新构想——比特币。

4. 持续观察最新消息

2010 年 5 月 22 日：在比特币谈判论坛上，2 个披萨换 1 万比特币，这是比特币首次交易。

5. 对比特币的信心

货币的发展过程：

实物货币→金属货币→信用货币→电子货币，比特币处在接近信用货币阶段。

6. 抓住机遇

2011 年，李笑来第一次从网络上获知关于比特币的消息。当时，比特币的交易价格已经超过 1 美元。他震惊了：“什么东西，居然比美元还贵。”他看第一遍没看懂，花了半年才明白，“在我反复看它的 6 个月里——我并没有等弄懂它才去买——上来我就买了 2100 个币。”

你从上面这些内容得到什么启发呢?

为什么大企业需要舆情系统

一家大型企业需要密切关注企业外部的舆论情报，尤其是负面舆论，提前化解公关危机，避免因信息滞后，造成公司股价下跌等巨额损失。

所以企业会有专门的部门去网络搜集一切包含企业名称等关键词的信息，从早期的 PC 时代的人工搜索，到移动互联网时代运用大数据舆情监控系统，来面对呈指数上升的外部信息，做到在最短的时间内，把负面舆论扼杀在萌芽之中。

同样的舆情系统，也可以用来搜集行业内竞争对手的所有情报信息，并通过数据模型进行分析，自动分类，通过深度学习算法筛选出有价值的情报。

万变不离其宗。

实际上，一套工作良好的舆情系统完整地包含了前文所述的观察模型，也包含我们对观察力的定义，包括目的性、计划性。只不过将个人的观察方法论、思维框架转换为计算机模型。

充值大赠送业务的暗示

叫车软件易到用车在日均订单下滑到 2 万笔以下的时候，同期的滴滴已经做到日均 700 万笔订单。乐视“及时”地用 40 亿控股易到，然后开始大规模地进行充值大赠送活动（例如充 3000 返 3000），充值营销活动很快起了成效，日均订单从 2 万笔上升到 100 万笔。活动期间，个人用户累计充值 60 个亿。

充返意味着自己要付出巨大的补贴金额。如果没有充返，那么易到一边，是乘客正常付钱，另一边，是司机正常收钱。易到中间还能抽成获得收入，这是个正常的生意。一旦充返，比如按照充 100 返 100 算，意味着乘客充多少钱，易到自己就要掏多少钱来补充进去。这 60 个亿的大窟窿，该怎么补？

当司机们发现无法从易到及时提现时，越来越多的司机逐步逃离易到，而乘客充了钱却没有车可乘，也不再使用易到，如此双向抛弃平台，导致问题像雪崩一样发生。写到这里，我情不自禁地缅怀了一番至今还停留在易到平台上的那几百元余额，无法取出也无法使用。

当一家企业不是市场老大或老二时，一旦开始出现大规模充值返现活动，这是一个征兆，企业面临现金流困难。没钱就无法经营，就此倒闭还是再搏一把，都不及先从消费者手里圈到钱重要。

听上去似乎没有问题，但问题就出在这家企业和第一名的差距实在太远，日订单相差千倍以上。滴滴已经形成事实上的垄断。

正常的企业做营销活动，是希望用营销费用的杠杆作用，增加用户数，促进订单成交量，来达到赢利的目的。

观察易到充值事件，最重要的是不能孤立地看待现象，而是要把一些现象关联起来，结合对行业市场的认知，以及对企业经营的基本概念了解，才能做出准确的判断。

思考

请对如下现象进行观察，并给出你的结论。

1. 观察一名同事，判断这名同事的喜好、生活状况。

2. 当许多小区停车位越来越紧张的时候，意味着什么?

3. 观察一家 A 股上市公司，根据公开的资料，判断这家企业的经营状况。

4. 观察你所在的行业，思考 5 年后这个行业会有哪些变化。

观察力思维导图

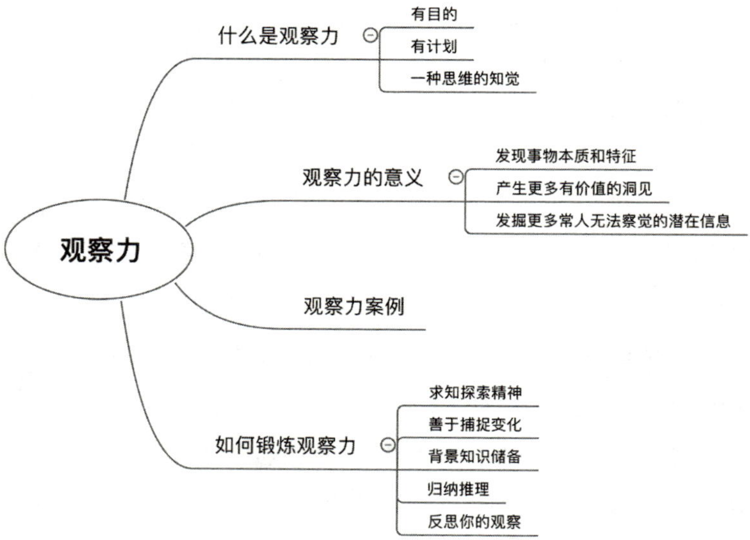
观察力
什么是观察力
有目的
有计划
一种思维的知觉
观察力的意义
发现事物本质和特征
产生更多有价值的洞见
发掘更多常人无法察觉的潜在信息
观察力案例
如何锻炼观察力
求知探索精神
善于捕捉变化
背景知识储备
归纳推理
反思你的观察

善用交叉思维开启头脑风暴

当思想立足于不同领域、不同学科、不同文化的交叉点上，你可以将现有的各种概念联系在一起，组成大量不同凡响的新想法。

万事万物都是互相联系的。——《经济学的思维方式》

我们的生活由无数不可见的细线串连在一起。——《社会心理学》

所有的事物都是相互联结的，这一纽带是神圣的，几乎没有一个事物与任一别的事物没有联系。——《沉思录》

为什么向蚁群、蜂群学习群体智慧？

如何向临床医生学习快速决策？

如何向交响乐指挥家学习项目管理？

如何运用交叉思维进行创新？

……

什么是交叉思维

古希腊时期，哲学是一切科学的根源，包罗万象。到文艺复兴时期，以达尔文为代表，科学逐步细分，再到现代社会，企业分工，每个领域都有大量的细分，全球化经济已经司空见惯。

像达芬奇这样的通才变得越来越少，人们只了解自己熟知的领域和知识。专业化分工有独特的好处，也带来坏处，人们把自己局限在一个很小的专业领域中，很少有人能够把不同领域的专业知识融合，创造出新生事物。

交叉思维的作用是，**突破思维的联想壁垒，用新视角看问题，主动将各种各样的概念进行随机组合，创新发现新的领域和问题解决方法。**

20 世纪物理学的两颗明珠是广义相对论和量子力学。前者是宇宙学、天体物理学、引力波、黑洞以及其他许多研究的起源；后者则是原子物理、核物理、基本粒子物理、凝聚态物理等学科的基础。这两个理论带来了丰富的成果，奠定了当代科技的基石。但依照目前的形式，它们是相互矛盾的。

物理学已经不是第一次面对两个看起来完全对立的伟大理论了。而过去每一次成功地将相互矛盾的两个理论统一时，我们的世界观都产生了巨大的飞跃。牛顿整合了伽利略的抛物线运动轨迹和开普勒的天体椭圆运动，发现了万有引力。麦克斯韦将电和磁的理论结合起来，提出了电磁场方程。爱因斯坦在解决电磁学和经典力学的明显冲突时，发现了相对论。

心理学、经济学是典型的交叉学科，可以和大部分学科交叉成为新的学科，例如社会心理学、教育心理学、认知心理学、行为经济学、农业经济学、金融经济学等。

当思想立足于不同领域、不同学科、不同文化的交叉点

上，可以将现有的各种概念联系在一起，组成大量不同凡响的新想法。

例如音乐和数学的关系：在19世纪，数学家傅里叶证明了任何周期函数都可以写作正弦函数的和，而声波正是一种周期函数，声音的三种品质：音量、音调、音色分别对应该函数的振幅、频率和分解得到的正弦函数序列。现代电子乐的音色大部分都是合成器调出来的，本质上就是对于声波的各种包络和形状的操作，背后有着一套严格的数学理论和算法。

交叉创新

1. 跨领域

“互联网+”是典型的交叉思维。

“互联网+”就是“互联网+各个传统行业”，但这并不是简单的两者相加，而是利用信息通信技术以及互联网平台，让互联网与传统行业进行深度融合，创造新的发展生态。

金融和互联网的结合，有了互联网金融，传统高利贷经过互联网包装之后，变成了现金贷。

银行和互联网的结合，有了网络银行，网络银行和实体银行最大的区别在于网络银行没有线下门店。

支付宝从最初的网络担保支付平台发展演变成蚂蚁金服。随着支付宝和银行合作的不断深入，逐步接入了金融、保险、证券等入口。

腾讯的终极目标是“通过社交连接一切”。QQ连接了青少年的娱乐生活，微信则连接了其他年龄阶层的工作和生活。腾讯用 QQ 和微信已经打赢了 C 端（个人用户）战争，接下来将是用新零售投入 B 端战场。

2. 跨文化

QQ 最初借鉴以色列的 ICQ（I seek you），同时期，中国有几十家也在借鉴，其中不乏大公司。但为什么 QQ 能一统江湖？靠的是针对文化、国情、环境的差异，做了很多微创新。

汇丰银行 (HSBC）曾经在国外机场有一组广告。广告有三张图，图片主体都是一样的蟋蟀。第一张图上标识美国，在图片下方有小字，害虫。第二张图上标识中国，图片下方小字写着，宠物。第三张图标识泰国，图片下方写着，美食。

这系列广告暗示着汇丰银行的全球战略中的本地化做得非常好，根据不同文化提供差异化服务。

曾经的网吧和咖啡厅结合在一起，成为新时代的网吧——网咖。披上消费升级的外衣，与时俱进，在一些城乡接合部的网咖，充其量还是网吧。但是消费者还是能感觉到和上一代网吧的不同，例如你坐在座位上，通过电脑屏幕上的自助菜单，你可以选择零食、香烟、外卖、泡面，然后再用微信支付，片刻就会有网吧工作人员把东西送到座位上，如果你愿意，甚至可以在网吧里住上一年。

而咖啡店也不甘示弱，既然网吧能来抢生意，那为何不能打书店的主意呢。如今的咖啡店看上去更像是一个书店，无论是提供阅读，还是提供售卖，或者是提供环境，都能给消费者带来更舒适的体验。

3. 跨空间和时间差

传统银行也在逐步改变，现金业务柜台减少，取而代之的是在自助终端和远程坐席视频办理业务。通过身份证 + 视频认证来保证安全性。

这是一种跨空间形式，将旧有的分散的银行柜台工作人员集中到远程客服中心，既能减少人员成本，也可以提高效率，对于办理业务的顾客也能增加便利性。对于这种银行业务远程办理的方式，可以称之为“云柜员”。

在计算机行业里，云计算已经普及，企业不必自建机房或租用机房自己部署。企业只需要按需要购买云计算的计算能力。计算能力和水、电、煤气一样成为商品。

未来会有更多的跨空间行业应用。

跨时间的本质是时间差。

从时间维度来看，人工智能是未来，当人工智能和各个领域相结合的时候，一些旧有事物将会消失。中国的银行正在推行 ATM 刷脸业务，银行卡将逐渐退出日常生活。

银行、金融行业都是靠跨时间——时间差来盈利。你今天存一笔钱，或者购买理财产品，预期的是一段时间之后的收益。消费者付出指定数额的货币在一段时间内的拥有权，在某个时间段之后才能有收益。

一二三线城市之间由于城市规模不同，社会形态、消费观点、商业环境等都会有时间差，利用好时间差，可以将一线城市的新兴事物逐步引入二、三线城市。

社会变革和技术变革之间会有一个时间差，当新的技术领域出现变革之后，必然会对社会产生影响，新技术出现之后的一段时间，将会逐步改变人类的生活方式、工作模式，谁能抢占先机，谁就能发现金矿。

在软件研发领域，SCRUM 敏捷开发利用时间差来完成效率提升。

敏捷开发以用户的需求进化为核心，采用迭代、循序渐进的方法进行软件开发。在敏捷开发中，软件项目在构建初期被切分成多个子项目，各个子项目的成果都经过测试，具备可视、可集成和可运行使用的特征。换言之，就是把一个大项目分为多个相互联系，但也可独立运行的小项目，并分别完成，在此过程中软件一直处于可使用状态。

敏捷开发相对传统的瀑布式开发而言，具有很多优点，传统瀑布开发周期长，等软件研发上线后，很有可能业务已经有了变化，跟不上形势发展。

敏捷开发的特点在于，在研发过程中，各个节点的角色不再像瀑布一样按顺序进行，而是利用时间差，减少周期，每次只实现功能的迭代。

敏捷开发这种方法论，不仅仅可以运用在软件研发领域，也可以运用在一切需要研发的领域。

提升交叉思维能力

1. 接触不同文化和学科

向医生学习如何高效做出临床决策。

医生治病救人，必须要讲究时效和可行性。

企业决策和医生决策有许多相似的地方。企业决策讲究效率，甚至生死攸关。

对于复杂情况，需要用决策树工具。

向交响乐队指挥家学习如何协调指挥乐队。

大多数人认为乐队指挥的作用只是挥挥指挥棒，挥舞的姿势越帅气，水平越高，这里有一个很大的误区。实际上，乐队的灵魂人物就是指挥。乐队的演出通常有两个阶段，一个阶段是排练，另一个阶段是演出。

乐队指挥拥有无限的权力，可以控制整首曲子呈现的速度及演出的效果；最重要的是有激发乐团成员最佳潜能的责任。乐队指挥具有多方面的作用，其中最主要的是通过指挥来组织和训练乐队，控制演奏速度，保持作品结构与形式的统一，使乐队能够正确、统一地演奏作品。

最初的交响乐都是由作曲家本人指挥，因为是自己的作品，所以能够很好地通过指挥乐队来完美演绎。但很多名曲的作者离开人世之后，指挥家的重要性开始凸显，在学校中学习指挥的音乐院系学生，通常都是学霸级人物。

作为一名指挥，需要具备广博的音乐史知识、乐器法，研究作曲家的生平和思想，领悟作品的创作背景，区别各个时代、各个作曲家艺术风格的异别，并发挥自己的艺术想象力，以内心的听觉，去体会乐曲的各种感情和内容，使作曲家的乐谱创作首先在自己脑子中变成活的形象。

乐队指挥在排练阶段需要和每个成员交流，并且根据自己对曲谱的理解去和每个人沟通。交响乐队的人数通常从 30 ～ 90 人不等，指挥如此多人同时演奏，难度实在不小。

管理项目和指挥乐队某些方面有相似，因此试试从乐队指挥上学习借鉴不失为一个方法。

2. 采用不同视角和多重观点

在摄影、电影艺术中，自从无人机普及之后，越来越多的航拍角度出现，为电影带来新奇的视角。

许多人苦恼于不知道如何提高摄影水平，以为是器材限制了摄影创作。殊不知，换个视角拍摄，拍出来的作品必然会让人耳目一新。

对相同的事件不同领域的专业人员有不同观点和理解，是同一件事物在不同角度上的折射，称之为多重观点。多重观点有利于我们发现自己思维中的盲区同时给我们更多的启发。

当一个问题始终无法解决的时候，不妨找一个行业外的人士，听听不同的观点。要知道，我们越精通和了解一个行业，越容易深陷其中。只缘身在此山中，不识庐山真面目。

3. 反转假设

如果要开一家有新意的餐厅，大部分人的思路还停留在菜品上口味的创新、就餐环境的创新，或者是用信息化手段提供扫码点餐等自助手段。但大家都会这么想，怎么可能做到真正创新。

我们尝试着把运作一家餐厅的正常流程和顺序列一个清单，再试着反过来。说不定就有了新思路。

准备菜谱→不需要菜谱，采购回来的食材让顾客自由组合

采购食材→不提供食材，顾客自带食材

顾客点菜→不提供点菜服务，完全随机供应，不需要顾客做决策

厨房炒菜→顾客自己动手炒菜

结账→饭菜不收钱，按座位和时间收钱

……

对每一种反转的情况进行深入分析，考虑可行性，说不定能找到创新的点。

交叉思维工具

1. 联系事物的能力

A、创建奇异组合

将日常生活中通常不会放在一起的事物进行组合，很多创新便是如此诞生。

许多人都有掏耳朵的习惯，可是苦于自己看不见，又很担心伤害到耳膜，把掏耳朵和光学取景、成像、液晶屏结合起来，就有了新型耳垢清洁工具。类似于胃镜、牙科牙齿检查镜。

箱子和轮子组合起来成为能拖动的行李箱，把轮子换成万向轮，便可以任意方向移动，行李箱加上距离感应器，能够在离开主人的时候自动报警，距离感应器加上电机，行李箱便能自动跟随主人移动，成为智能行李箱。

B、宏观与微观结合

就哲学和社会科学而言，微观和宏观是相对的。就自然科学研究而言，微观和宏观是绝对存在的，界限明显。共同点是，微

观始终是宏观的一部分，微观的变化可以导致宏观的变化，宏观的现象即是所有微观世界一起呈现的结果。

社会心理学属于宏观范畴，个体心理学则属于微观范畴。两者之间会互相影响。

宏观与微观之间既存在区别，也存在联系。我们看待一个事物或者现象时，如果仅从单方面去观察，则会有偏差。这就需要我们把两者进行结合。

群体智能（Swarm/collection intelligence）这个概念来自对自然界中昆虫群体的观察，群居性生物通过协作表现出的宏观智能行为特征被称为群体智能。在某群体中，若存在众多无智能的个体，它们通过相互之间的简单合作所表现出来的智能行为便是群体智能。

单个的蚂蚁很难完成建筑复杂的蚁穴，无法指明方向和路线，更别提完成大规模搬运食物的工作了。但作为群体，蚁群的群体智能则让人刮目相看。

不只蚂蚁如此。成百上千的蜜蜂就能够迅速决定把蜂房筑在哪里，即使这决定遭到许多蜜蜂的反对；成群的鸽子在城市的广场上憩息，突然间，似乎有什么事情惊扰了它们，所有的鸽子同时飞了起来，这是群体智能的体现。

这些鸽子并没有一个领导者，没有鸽子告诉别的鸽子做什么，每只鸽子只是遵循简单的规则：

a. 尽量靠近邻近的鸽子

b. 要避免挤撞邻近的鸽子

c. 与邻近鸽子的飞行方向保持一致

就这么简单的几条，鸽子的行动就达到了惊人的一致。

全球经济对个人有没有影响?

当然有影响，全球经济影响国家，国家影响行业，行业影响，企业影响个人。不要认为国家宏观调控和个人没有关系，宏观层面的改变，对微观的影响有个过程，有远见的人可以从宏观变化预见微观影响。

所以，看待事物，思考问题，需要结合宏观和微观。

C、乐高积木思维

英文由 26 个字母组成。

中文由横（一）、竖（丨）、撇（丿）、点（丶）、横钩（乛）等基础笔画构成，它们是构成汉字字形的最小单位。

字母和笔画可以组合成无数的文字，而文字可以组合成无数的文章。

乐高积木搭建模型，也是由 2×2、2×3、2×4 等基础颗粒组成。在此基础上千变万化，可以对现实世界进行模拟，也可以进行创新。

从乐高积木上能看出什么呢?

a. 高度抽象

b. 模块化、重用性

c. 简单的事物可以组合成复杂的事物

d. 事物之间都有联系

e. 模型和现实之间的映射关系

2. 思维工具 SCAMPER

SCAMPER 是一个思考现有产品产生一个新产品的一个

checklist。我们可以使用它来直接提出建议或者作为横向思维（lateral thinking）的起点。

SCAMPER 是首字母缩写，其含义如下：

S–Substitute（代替）– 组件、材料、人

什么可以替代？

哪一些事物、角色可以替换，用什么替换或取代？

手机的塑料外壳，能不能用玻璃、金属、木头、布料替换？

汽车的燃料是不是可以用电池、太阳能、酒精等其他能够提供能量转换的事物替代？

被替代的事物可以是实体也可以是虚拟，可以是人也可以是物，还可以是时间、地点、方位等。

C–Combine（组合）– 与其他产品或服务进行整合、集成

可以和其他什么事物、观点结合？

U 盘、电池、液晶屏幕、播放软件组合在一起成为便携音乐播放器。

把手机和镜头结合起来，增强手机摄影的画质和视角。

电影和数学、精神分析、脑神经科学整合成就了电影《盗梦空间》。

A–Adapt（适配）– 改变功能以便可以在另一个元素中使用

是否有不协调的功能？

是否符合某些人群的使用习惯？

电脑上的应用软件移植到手机上需要根据屏幕大小进行适配，和手持习惯进行适配。

手机应用移植到家庭电器上，人机交互方式需要调整适配，触摸设置就需要改为手势、表情、语音语义识别、红外感应、温度感应等多种交互方式。

把流水账写法的游记调整为小说技法行不行？

把数据报表调整为图表是不是更为直观？

M–Maximise or Minimise（范围变化） or Modify（修改）–在范围上扩大或缩小、修改

传统的打印机只能打印平面，例如纸张、喷绘、光碟等，能不能打印三维事物（3D 打印机）？

P–Put to another use（价值改变）–使用在一个完全不同的用途

能否作为其他不同的用途？

把空的啤酒桶、酒瓶用来做酒吧装饰行不行？

坏掉的硬盘拆开来能不能做装饰物？

E–Eliminate（删除）–移除一些元素，尽可能使得功能简单，关注核心功能

哪些是不需要的，是不是足够简洁？

产品的操作步骤是否可以删减？

新产品的功能是不是可以删减？

智能机去除物理按键行不行？

不需要螺丝刀的螺丝钉是什么样？

汽车没有顶（敞篷）会不会更受欢迎？

没有收银员的便利店是什么样？

R–Rearrange or Reverse（重新安排）–重新安排或者相反的流程

能不能把顺序进行调整？

方案是不是需要重组？

问题是不是需要重新定义？

目标是不是需要重新设定？

在冬季卖空调、冰淇淋是不是一个好主意？

写小说的时候能不能打乱多条故事主线？

让学生给老师出题，从出题的内容能不能看出学生的能力和水平？

3. 交叉思维的应用举例

a. 列出交合元素。

b. 使 X、Y 两坐标轴上的所有元素彼此相交和自身相交，得到若干个相交点。

c. 进行相交和判断。

d. 从坐标图中摘取有意义的相交结果。

e. 进行可行性分析。

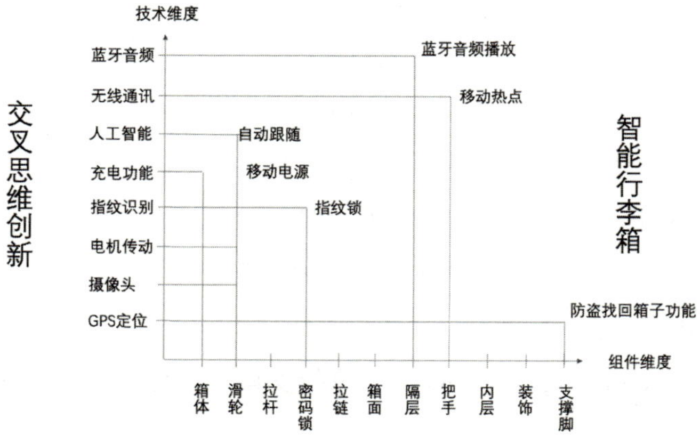

看到这里，你可以拿起纸和笔，开始你的交叉思维训练。

一些思考

太阳底下没有新鲜事。

科学的发展趋势是由简入繁，再化繁为简。

未来商业模式的创新，更多是在现有模式上进行交叉组合，进行微创新。

思维导图

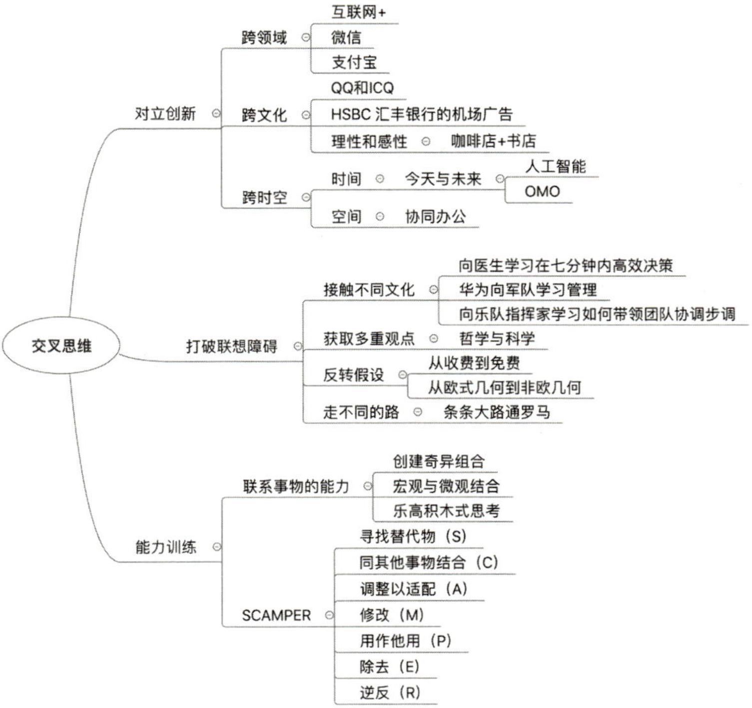

使用 VRIO 模型脱颖而出

VRIO 模型是一个既能帮助你认清你的优势和劣势，还能帮助你在职场和生活中都能获得竞争优势的工具。无论是在个人职业规划、求职找工作方面，还是帮助企业决策者明确竞争优势，它都有着其他模型不可比拟的优越性。

什么是 VRIO 模型

VRIO 模型最早由杰恩·巴尼提出。

巴尼在《从内部寻求竞争优势》一文中概括了该模型的核心思想：可持续竞争优势不能通过简单地评估环境机会和威胁，然后仅在高机会、低威胁的环境中通过经营业务来创造。可持续竞争优势还依赖于独特的资源和能力，企业可把这些资源和能力应用于环境竞争中。为了发现这些资源和能力，管理人员必须从企业内部寻求有价值的、稀缺的、模仿成本高的资源，然后经由他们所在的组织开发利用。

VRIO 是 SWOT 的基础上进一步研究企业内部能力的分析模型。通过对价值问题（value）、稀有性问题（rarity）、可模仿性问题（inimitability）、组织问题（organization）的回答反映企业的优势或劣势。

VRIO模型-四要素

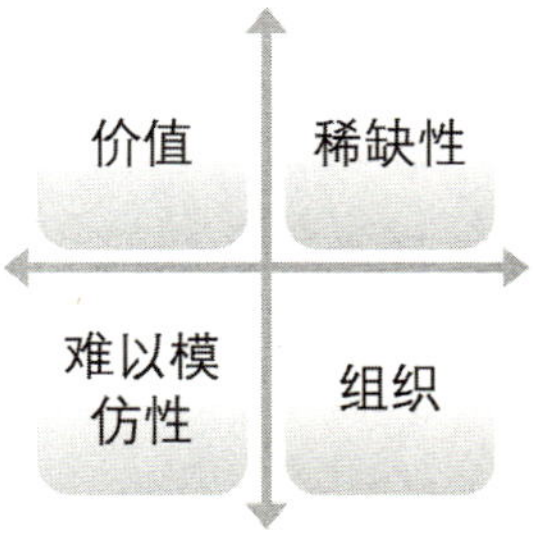

运用该模型，就是在对企业的资源和能力的竞争意义进行评价时，回答以下四个问题：

1. 价值性：企业的资源能否使企业有能力把握环境机会或消除威胁？

2. 稀缺性：多少竞争对手已经具备了特定的资源和能力？

3. 不可复制性：不具备特定资源和能力的企业在试图获取该能力时会付出很高的成本吗？

4. 组织性：企业是否合理组织以充分利用该资源和能力的竞争潜力？

	价值性	稀缺性	不可复制性	组织性
营销活动能力	√	×	×	×
财务管理能力	√	×	×	√
物流基础能力	√	√	√	×
采购能力	√	×	√	√
组织管理能力	√	×	×	√
企业文化	√	√	√	×

VRIO 模型—某种资源和能力

是否有价值	是否稀缺	是否难以模仿	组织是否能利用	强项与弱项	竞争意义
否			否	弱项	竞争劣势
是	否		⇕	强项	竞争均势
是	是	否		显著强项	暂时优势
是	是	是	是	持久强项	持续优势

将 VRIO 模型应用于个人

我们可以把这个模型应用在个人的竞争优势上进行分析，更为清晰全面地了解自己的优势和劣势，在职场上为自己提升竞争力。

对于个人，简单地翻译下，可能这四个问题就是：

1. 个人的资源和能力能否对个人带来新的机会以及减少威胁？

当某一项能力和资源能够为个人带来新的机会或者减少威胁，那么它就是有价值的。

一个人很能吃饭，一次能吃 5 大碗米饭，对于个人而言可能并不能带来价值。但如果一个人嗅觉特别灵敏，能够分辨出 10000 种气味，并能准确地记忆气味，那么这个人可以去做香水调香师。

一个人如果拥有过目不忘的记忆力、细致入微的观察力，加上强大的逻辑推理能力，完全可以考虑做个大侦探。

2. 有多少人已经具备了特定资源和能力？

如果某项特定资源和能力，其他人并不具备，那么你这项能力就具备稀缺性。

例如记忆力超群、过目不忘，就不是人人都具备的能力。

3. 不具备特定资源和能力的个人在试图获取该能力时会付出很高的成本吗？

如果他人只需要很低的成本就能获取这项资源和能力，那么你拥有的这项能力就不具备难以模仿性。

对于摄影师而言，发现美的能力就属于难以模仿、复制的能力。这并非学习一些构图知识和美学理论就能让自己拥有发现美的能力，甚至有可能和天赋以及长期以来养成的审美观有关系。

4. 个人是否有合理并充分利用该资源和能力的竞争潜力？

假如你有一项能力是记忆力超群，那么你有没有把这项能力发挥到极致，充分利用该项能力呢？

这份能力是否对于你现在的工作有帮助？

VRIO 模型—张三分析示例

个人资源与能力	是否有价值	是否稀缺	是否难以模仿	组织是否能利用	强项与弱项	竞争意义
人脉关系	否	否	否	否	弱项	竞争劣势
沟通能力	否	否	否	否	弱项	竞争劣势
知识储备	是	否	否	否	强项	竞争均势
学习能力	是	否	是	是	显著强项	暂时优势
分析能力	是	是	是	是	持久强项	持续优势

从上表分析结果可以看出，张三的学习能力属于暂时优势，分析能力属于持久优势。适合负责研究型工作，例如数据分析、战略研究、市场研究等岗位。

个人运用 VRIO 模型的步骤

1. 列举个人资源和能力

资源包含有形资源和无形资源。有形资源指拥有的个人资产，无形资源包括但不限于人脉资源、个人名声、毕业学校、名企工作经验等。

能力包括但不限于学习能力、行业经验、知识储备、管理能力、专业能力、决策能力等。

2. 分别从价值性、稀缺性、难以模仿性、组织可用性四个维度来判断

价值性：该项资源或能力对企业而言能否带来价值。比如销售人员掌握着客户资源，如果跳槽到新公司，对新公司而言，就具有价值。

稀缺性：该项资源或能力相对其他人而言，是否具备稀缺性。例如掌握了区块链的代币技术，对企业而言，可以发行数字货币，甚至成为超级股票市场。

难以模仿性：该项资源或能力他人难以模仿，例如具备领先他人的思维能力、认知能力。

3. 将每项资源和能力按照从弱项到强项顺序排列

当某些能力属于“是”的数量越多，越属于强项和优势。

按照竞争优势从上往下排列，越排在下方的资源和能力优势越大。发挥优势和强项的作用，同时也可以提升弱项。

4. 对结果进行分析

当发现自身的优势之后，可以针对自身的优势和强项，选择

自身的职业规划，更好地认清自己，明确自己的定位。

个人运用 VRIO 模型的示例

例如：

张三年龄 33 岁，数学专业毕业。毕业后一直从事智能硬件行业长达 10 年，换过三家公司，目前正在考虑换一份工作，已经收到三个公司的面试邀请，岗位分别是智能硬件专家、资深软件开发工程师、智能硬件产品总监。三个岗位的薪酬福利差不多，张三面临选择哪一个岗位的问题，以及如何发挥自己的优势，避开劣势。

如下分别从人脉关系、代码编写、团队管理、知识储备、行业经验、决策能力这些维度来分析（此处为了举例模型的应用，并非代表这些维度的准确性和全面性）。

1. 人脉关系：张三从事技术工作，不喜欢社交活动。在公司中只和内部同事进行沟通，社会关系和行业人脉缺乏，对于用人企业没有价值。

2. 代码编写：张三的代码编写能力一般，处于平均水平。主要原因在于张三的兴趣爱好广泛，但对写代码兴趣没有到热爱的程度，能完成工作即可。所以代码编写能力对企业而言没有价值。

3. 团队管理：张三只带过 10 个人以内的团队，有价值，但不具备优势。

4. 知识储备：张三对于自然科学、社会学、认知心理学等都有涉猎，知识面广，尤其在人工智能领域，尤为擅长目前的算法模型和技术应用。对于智能硬件企业而言有价值，并且具备稀缺性，但没有形成技术壁垒，毕竟他人也可以通过花费时间和精力学习获取这些知识。

5. 行业经验：张三行业经验丰富，一直从事物联网企业，在人机交互产品领域有独到的想法和设计理念。在当前公司研发了识别率高达 99% 的语义识别系统，对于企业具有高价值，同时也具备稀缺性。同行在识别率上难以超越。

6. 决策能力：张三对于行业趋势判断很准确，能够对行业问题有清晰的认知，擅长做减法，让企业聚焦做好一件事情。这一点很难得。对于企业有巨大价值，也是稀缺人才，并且不是其他人能够模仿的。

分析结果如下：

VRIO 模型—李四分析示例

个人资源与能力	是否有价值	是否稀缺	是否难以模仿	组织是否能利用	强项与弱项	竞争意义
人脉关系	否	否	否	否	弱项	竞争劣势
代码编写	否	否	否	？	弱项	竞争劣势
团队管理	是	否	否	？	强项	竞争均势
知识储备	是	是	否	？	持久强项	竞争优势
行业经验	是	是	是	？	持久强项	持续优势
决策能力	是	是	是	是	持久强项	持续优势

从上表分析结果可以看出，李四的知识储备、行业经验、决策能力的竞争优势都是持续优势，非常适合做技术部门分管产品设计的负责人。

小结

文中的举例相对于现实，属于简化的模型。只有简化才能更容易让人理解。案例中简化了竞争对手，在实际应用中仍需考虑这个变量。

武侠世界中，高手不依赖于手中的武器。一个高明的剑客，用树枝也能打败拿着宝剑的普通剑客。

VRIO 表面上是一种应用于企业的竞争优势分析模型，实际上是一种思维框架，一样可以用于个人，关键在于理解工具 / 模型的设计思想。

善用逆向思维避免失败

逆向思维是查理芒格推崇并且一直实践的思维方式。

什么是逆向思维

如果你想成为一个段子手，那么当你阅读完 1000 条段子，并且总结规律，然后开始自己写段子，只要坚持写上 1000 条，你最终会发现，原来做段子手，最重要的是天赋。

如上内容，用的是逆向思维。如果按照正常的逻辑，读者会以为能看到一个励志的结尾，但结局却完全相反。

当大家都朝着一个固定的思维方向思考问题时，而你朝相反的方向思考，这样的思维方式就叫逆向思维。人们习惯于沿着事物发展的正方向去思考问题并寻求解决办法。对于某些问题，尤其是一些特殊问题，从结论往回推，倒过来思考，从求解回到已知条件。反而会有意想不到的答案。

逆向思维也叫求异思维，它是**对司空见惯的似乎已成定论的事物或观点反过来思考的一种思维方式。**反其道而思之，让思维向对立面的方向发展，从问题的相反面深入地进行探索。

逆向相对正向而言。正向指常规的、公认的、具备常识的通用做法；而逆向则相反，是对传统、惯例、常识的反叛，对常规的挑战，能够突破思维定式，打破由经验和习惯造成的僵化认知模式。

受到习惯的影响，我们只能看到事物的一面，逆向思维能够让我们看到另外一面。

当你在思考如何解决问题的时候，如果能先问自己**“为什么我们需要这么做？”**说明你已经在使用逆向思维这个工具了。

为什么需要逆向思维

这一切缘于我们人类的原始大脑。

科技和新观点日新月异，如今处在科技大爆炸时代，我们正在遭遇前所未有的挑战和问题，而人类的原始大脑还在用过去的方式工作，已经跟不上形势发展。

正如同我们对时间的感知是向着未来前进，时间在流逝，我们思维也有方向，从因推理到果，从前到后，从上到下，从过去到未来。这是正向思维。

我们来看看一系列熟悉的名词，习惯、惯例、行规。这些名词无一例外，存在我们大脑的知识库里，成为我们快速思考、决策的依据。根据这些依据，我们在处理旧有事物时得心应手，一旦碰上新事物、新领域，或者需要创新、突破的时候就会让人感到束手无策。

我们该如何行动?

1. 把所有假设和前提拿出来重新审视

正向思维，是根据现有数据、参数计算结果，逆向思维是根据结果反推参数。

1+1 能够推理出等于 2，这是一种解决方案。这是我们的思维惯性，如果反过来问，2=？+？，那么就会有无数个答案，2=2+0，2=−1+3，等等。

这样就能从各种方案中找到一条可行之路，叫作殊途同归。

把所有的假设和前提拿出来审视，有些可能并不成立或者概率很小，那么这些就不再需要考虑。假设和前提越少，可选择的方法就越多，避免人为套上枷锁。

2. 用“如果不考虑某些因素来决策会怎样”的思考方式

从时间范畴、空间领域、人物构成、关系条件等构成要素进行组合思考。

传统功能手机如果不考虑键盘会怎么样?

智能手机去除键盘之后成了 iPhone，iPhone 去除 Home 键之后成了 iPhone X。

曾经的动物园里有许多笼子，里面关了各种动物，动物们在狭小的空间里，心情自然好不起来，怎么可能过上愉快的生活呢? 久而久之，笼子里的动物变得毫无生气。

如果我们不把动物关在笼子里，让动物在更广大的天地中活动。于是游客们就钻进了能够移动的笼子里——汽车。这样既解决了动物们的居住条件，又解决了游客的安全问题。

思考“如果我们不这么做会怎样”。

如果我们产品不收费会怎样?

如果我们的软件不用注册会怎样?

如果再也不能坐飞机，我们要如何改变做生意的方式?

如果法律禁止我们向老顾客销售现有的产品，明年我们要怎么赚钱?

如果钱不成问题的话，你会做什么?

如果每个人都可以自己组装手机，对我们会有什么影响?

……

3. 改变游戏规则会怎么样

A、功能、结构、因果关系上的反向逆转

性质上的逆转，结构、空间、位置上的逆转，过程的逆转。

传统的火锅，是把火锅放在桌子中间，配菜都围绕着中心的火锅，人们共用一个火锅涮肉，代表企业有小肥羊、海底捞等。

我们尝试把结构和位置做个置换，把配菜放在桌子中心，每个人一个小的火锅。大火锅变成小火锅，人人都有自己的锅，想涮什么就涮什么，不会串味，干净卫生，代表企业有千味涮等。

传统的火锅只能选择有限的几种蘸料，实际上每个人的口味都是千奇百怪，那么把蘸料分解成酱油、麻油、辣椒、花生酱、蒜末等，顾客可以自由组合。

换位思考、共情、同理心，实质上都是利用置换角色完成。

夏天的火锅和冬天的冰淇淋，也是一个道理。

B、转换成另一个问题

两个人赛马，比赛的规则是比谁骑得慢。你该怎么做才能取得胜利呢？答案是换马骑。这样就能把比谁骑得慢变成比谁骑得快。

司马光砸缸的故事大家都耳熟能详，这是一个典型的逆向思维。传统的解决问题思路是如何把缸里的孩子救出来避免被水淹死，而转换思维把水排除孩子就能得救，问题就顺利解决了。

C、从缺点上寻找突破口

在企业决策中，风险这个词，人人唯恐避之不及，一个解决方案中，如果没有任何风险，那么理论上是一个完美的方案。但现实中，做任何事情都有风险，风险是解决方案中的缺点。

有家企业需要通过广告来营销产品，但是广告中可能有风险导致罚款，在对可能的罚款进行测算之后，发现罚款的成本远远小于广告的收益。那么这个方案完全可行。

查理·芒格，非常喜欢运用逆向思维，他提出用农夫谚语“我只想知道将来我会死在什么地方，这样我就永远不去那儿了”中所蕴含的哲理来思考问题。

例如：

要研究一个企业如何走向成功，就要去研究企业是如何走向衰败。

查理在他漫长的一生中，持续不断地研究收集关于各种各样的人物，各行各业的企业以及政府管治、学术研究等各领域中的人类失败之著名案例，并把那些失败的原因排列成正确决策的检查清单，使他在人生、事业的决策上几乎从不犯重大错误。

阿里巴巴有个安全部门，内部称其为神盾局，里面都是白帽子（指正面的黑客，可以识别计算机系统或网络系统中的安全漏洞，但并不会恶意去利用，而是公布其漏洞。这样系统可以在被其他人利用之前修补漏洞）。

有句话说，世界上最懂你的人，是你的对手。

世界上最能防御黑客的人是谁，当然是黑客，所以很多白帽子都是从黑客招安过来的。

逆向思维应用清单

做产品设计的时候，去收集竞品的所有缺点，从缺点着手，思考哪些设计会讨人厌，哪些反人类。

在切入一个行业的时候，先了解那些死去公司的原因。

阅读文章的时候，避免被作者的逻辑牵引，从文章结论反推观点是否成立。

学习专业领域知识，在领域中找两位最有代表性且完全对立的大牛，了解为什么另外一方要反对，反对的原因是什么。

当我们思考 10 年之后世界会有什么变化，不如思考 10 年之后还有什么是不变的。

如果想要戒掉某些习惯，可以采用放纵的方法，例如喜欢吃甜食，那么每次都让自己吃到吐为止，不用多久，就可以戒了（此条不适用戒掉花钱的习惯）。

在管理上，从末端抓起，例如 IT 部门通常都包括产品、研发、测试、运维、技术客服，从产品到客服是一个完整的生命周期。从客服开始去寻找问题，回溯源头，最终解决产品设计问题。

如果想做赚钱的买卖，先看看做什么买卖一定会赔钱。

如果想让自己变得更为高效，先列出一份低效清单，不要做那些低效清单上的事情，自然变得高效。

学会提出问题，例如“如果不……会怎样”。

不断地问，为什么非要那么做呢？我们认为理所当然的事情是什么？

思维导图

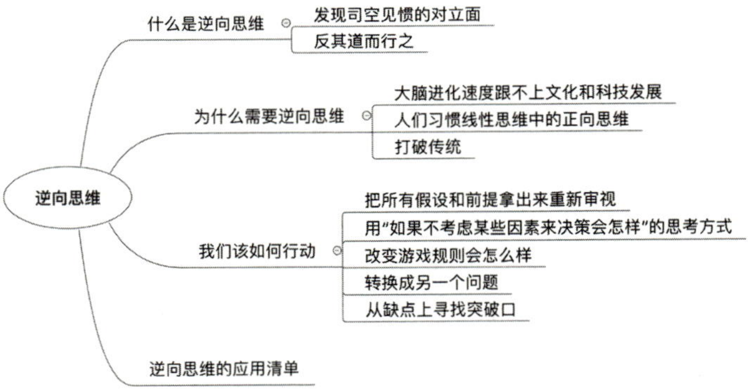

隐喻思维是说服他人的最高境界

沟通是认知过程中属于输出环节的一个重要能力，沟通的最高境界就是讲故事。

说服一个人尝试让对方接受你的观点有多难，想一想你上一次和他人争吵的场景就能理解。

假如你是位产品经理，一定会遇到经常要和运营或者技术人员沟通，说服对方接受你的观点，但往往沟通谈着谈着就变成了对撕。

假如你是位 HR，要给一个落后的同事做思想工作，费尽口舌喝完了几碗茶，对方依然不为所动。

假如你是一位父亲或者母亲，面对做错事情的孩子，讲了一堆道理，孩子根本就难以理解大人这些抽象的道理和逻辑，自然没有什么效果。

还有许多类似于这样的场景，问题出在哪里，为什么我们很难和他人讲通道理?

为什么讲道理经常行不通

我们无法通过智力去影响别人，情感却能做到这一点。

一旦你尝试和对方讲道理的时候，对方立刻会在心里筑起一道墙，无论你舌灿莲花还是妙语连珠，即使对方不断点头，也不能代表已经接受你的观点。

我们解决问题的时候，可以用逻辑、理性，可以和自己讲道理，但是和他人交流，光用逻辑远远不够，我们还要增强代入感去和他人产生情感共鸣，达到说服的目的。

我们来看一个例子。

一家创业公司的 CEO 和你说：来创业吧，我们有一个广阔的市场，有厉害的技术、运营团队，我们的商业模式融合了区块链、人工智能、金融，每个都是互联网的风口，一起加入我们实现理想吧。

听了这一段话，你依然犹豫不决，即使里面再加上一些数据，这些数据对你来说无法考证真实性，市场有多大你并没有了解过，团队厉不厉害你也不知道。

但如果 CEO 这么和你说：我曾经也和你一样，在一家公司创业初期的时候加入，那时候也十分忐忑，公司给的薪水只能够维持生活。那时候知道这家公司的人并不多，很多人还认为这是一家骗子公司，最宽松的时候，入职甚至只需要你提供身份证件就可以。我在这家公司工作 10 年，10 年的薪水总共 300 多万，这个数字平摊在 10 年，其实并不多，每年才 30 万，但是你知道我的股票收益拿了多少吗？两个亿！这家公司就是阿里巴巴。

是不是有不一样的感觉了？前面那段话是在和你讲逻辑，讲理性。后面那段话，是和你讲故事，讲这家公司创始人的故事。这会让你把这家创业公司和目前已上市的大公司联想到一起，让你忍不住设想，自己将来是不是也能拿到几个亿的股票呢?

这就是讲故事的魔力。

为什么要讲故事

把故事用在沟通中实际上是运用类比法（隐喻）。

类比法：根据两个或者两类对象之间某些方面相似、相同之处，从而推断在其他方面存在相似或相同的点的逻辑推理方法。

如果你是一个律师，你的当事人是一个有很多案底的惯偷，并且警察当场在他身上搜出了失主的钱包，然而他声称自己的钱包也长这样，所以他是误拿。

你会怎么帮你的当事人辩护呢？看上去这是个无解的答案。

美剧《波士顿法律》中，律师 Sally Heep 却为她的当事人成功进行了无罪辩护。

我们来看看 Sally Heep 怎么说的。

“大约是 15 岁的时候，有一天我在厨房，我的狗狗 Fred 跑进来，嘴里叼着一只死兔子，邻居的宠物，我以为是 Fred 闯的祸。如果被知道它杀了他们的宠物，动物管制局就会来人把它捉走。于是我拿走兔子，在水槽里冲洗干净，用吹风机吹干，让它看起来白白的，毛茸茸的，然后我偷偷溜进邻居后院，把它放回笼里，希望他们觉得兔子是自然死亡。那天晚上，我父母来到我房间，他们告诉我邻居的兔子三天前死了，他们把它埋在树丛里，居然有个疯子把兔子挖出来，洗干净又放回笼子里去了。我当时就觉得，真相可以比虚构更离奇，让人难以置信。”

在这个案子里，一个有抢劫和入室行窃前科的人抢走过路妇人钱包，被现场拍了照证据确凿，但他说当时误以为那个钱包是自己的，并拿出自己与之完全一样的钱包来作证。陪审团本来没有谁相信这是个匪夷所思的误会，于是 Sally 说了那个很有意思的故事，引得陪审团一笑，最后商定合理置疑，将嫌疑人无罪释放。

Sally 为什么可以说服陪审团

我们来看看 Sally 说服陪审团的几个关键点是什么。

1. 用狗来比喻小偷（还是个惯偷）

这样等同于将令人痛恨的惯偷和忠诚可爱的狗联系起来。没有人会喜欢惯偷，陪审团也是由普通人组成。但如果案件中的主角是条狗，是个动物、宠物，是个人类的好朋友，会增加陪审团心理上的宽容度和接受度。

2. 用狗杀了宠物类比小偷偷钱包

小偷抢过路妇人的钱包和狗杀了邻居家的宠物，两者相比，对社会的危害程度、对人类的影响无疑是前者更大。用后者做暗喻，可以明显地降低陪审团对于偷窃事件的愤怒程度。

3. 用自身经历以及第一人称进行讲述

如果 Sally 讲述这个故事不是用“我”，而是用“一个朋友”，那么故事的可信度会打个折扣。第一人称可以迅速地营造代入感，第一人称是一种手段，这种特殊手段能使叙事人与听众靠得很近，听众直接聆听感受对方细微的思绪脉络和情感波动，有真实、可信、感染力强等优势。

4. 故事曲折反转，引起陪审团兴趣

在 Sally 的故事里，首先是她看见自己的狗叼进来一只死兔子，因为害怕动物管制局来抓走 Sally 的狗，所以把兔子洗干净偷偷放回邻居后院的笼子里，结果父母告诉 Sally，邻居家的兔子是自然死亡，是 Sally 的狗把兔子挖出来带回家。

以上完全符合一个吸引人的故事的要素：渴望（Sally 喜爱自己的狗）、冲突（发现自己的狗咬死了兔子）、解决（洗干净兔子放回去）、反转结局（不是自己的狗咬死了兔子）。

5. 人们对于情感的接受度胜于逻辑

讲道理、讲逻辑，这是一种十分理性的做法，理性则意味着没有感情色彩，冷冰冰，公事公办。你和陪审团讲道理、讲逻辑，陪审团同样会和你讲道理、讲逻辑，何况这个案件，人证物证齐全，在法律层面、社会道德层面，惯偷完全处于下风。

讲故事则是通过情感给冰冷的道理、逻辑包上温暖的外衣。

如何讲故事

用于沟通的故事要短小精悍，简单易懂。字数不要超过 300 字。

千万不要和沟通对象讲一个很长的故事，毕竟我们的目的不是催眠，对方也没有兴趣和时间去听你讲一个长故事。

小说里的故事需要有详尽的背景做铺垫，沟通中的故事应该尽量简化。小说是用来阅读的，故事的特点是尽可能地详述，复杂的故事读到后面忘了还可以翻回去再看，但沟通是面对面即时交流，过于复杂的故事，可能会导致对方无法理解。

沟通中的故事实际上是把你需要和对方讲的道理用故事进行包装，把角色进行替换。

沟通前整理好你需要说服对方什么（论点、论据、论证过程），再把道理逻辑进行梳理，然后转化成故事。

我们来试着来讲一个故事

1. 明确要沟通的内容

假设我需要说服一个成年人来“提升认知”，如果要用讲道理、讲逻辑的方式，我是这么说的：认知升级能够提升你的格局，改变你的世界观，认知升级的过程是思维成长的过程，思维成长可以让你变得更有智慧，每一个人都应该提升认知能力。

这句话实在是太抽象了，对方需要理解这段话，首先要知道什么是格局，懂得什么是世界观、什么是认知能力。我相信大部分人听完我说的这句话，心里在想：这都说的什么呀，真是莫名其妙。

2. 梳理论点、论据、结论

论点：每个人都应该提升认知能力。

论据：认知升级是通过突破思维局限达到能力提升，改变你对事物的看法（世界观），提升你的视野和思考的高度（格局）。认知升级也是思维成长，可以让人变得更有智慧。

3. 找出关键角色、行为、行动

角色：每个人（成年人）

行动：认知升级

名词：格局、世界观

结局：更有智慧

4. 进行转换

角色：成年人→婴儿

行为：认知升级→长大的过程，身高发生变化

名词：格局→身高，世界观→视野

结局：更有智慧→眼睛看到世界的样子不一样

5. 整理成故事

认知升级和前文讲到的婴儿成长的过程一样，伴随着身高的增长，人们眼里的世界发生了变化。成年人的认知升级伴随着思维的成长，因而提升格局，改变世界观。

我们看看中国古代历史上的一些案例，下文出自《庄子·天道》：

轮扁论读书 桓公读书于堂上，轮扁斫轮于堂下，释椎凿而上，问桓公曰："敢问公之所读者何方邪？"公曰："圣人之言也。"曰："圣人在乎？"公曰："已死矣。"曰："然则君之所读者，古人之糟粕已夫！"桓公曰："寡人读书，轮人安得议乎？有说则可，无说则死。"轮扁曰："臣也，以臣之事观之。斫轮：徐则甘而不固，疾则苦而不入；不徐不疾，得之于手而应于心；口不能言，有数存焉于其间。臣不能以喻臣之子，臣之子亦不能受之臣于臣，是以行年七十而老斫轮。古之人与其不可传也，死矣。然则君之所读者，古人之糟粕已夫！"

齐桓公坐在堂上读书。堂下有一位名叫轮扁的工匠正在砍着

木头做车轮，他看见国王正在那里专心读书，不觉好奇心动，放下斧头，走上前去问齐桓公："请问国王看的是什么书？""我看的是圣人的书。"桓齐公答道。"圣人还活着吗？""早不在人世了。""那么，"轮扁说，"国王所读的书，不过是古人的糟粕罢了。"

桓公突然变脸："我读书，你这个做工的怎么能妄事议论呢！你有道理可以讲出来，我就放过你；讲不出道理来，决不饶你的性命！"

"好的。"轮扁从容地答道，"就拿我制造车轮这行手艺来看，斫木为轮，要把轮子做得又牢固结实，又圆转灵活，就得有种极熟练的技巧。譬如辐条和车毂之间的榫接，宽了虽然容易插入，但松而不固；紧了虽然坚固，但无法插入，因此榫眼必须斫得不差分毫，要有这种功夫，只能靠长期的工作实践，才能养成应之于手的习惯。这种功夫，我不能用单纯口授的方法传给我的儿子，我的儿子也不能不经过实习而把它承接下来。因此，我今年70岁了，还得在这里做车轮。由此类推，圣人已死，留下几本书，也已成为过去的东西，难道国王所读的，还不是古人的糟粕么？"

先不论工匠的话从逻辑上是否说得通（这一点留给读者思考），至少工匠通过类比和隐喻来向齐桓公讲道理，这一点上值得我们来学习。

小结

1. 用于沟通的故事，也可以称之为隐喻。

2. 从今天开始，每当你准备和他人讲道理的时候，不妨想想如何用故事来说服他人。

3. 在把你的道理和逻辑转换成故事（隐喻）的过程中，你可能会发现你的道理和逻辑的不合理之处，可以顺手修补一下。

4. 当你把道理翻译成故事的速度和有效度越来越高的时候，也意味着你的洞察力越来越高。

5. 要记住，大多数时候，我们没有办法和他人讲道理。

突破“贫穷”思维的局限性

思维固化、局限性是指人们总是按照已有的规律、方法去思考、理解问题，阻碍思维发散，限制了思想。

思维局限性是怎么来的

这和人类进化过程有关，**凡是对生存有帮助的特征都会保留下来，可称为思维定式或惯性思维。**最初的人类在没有知识经验积累的时候，遇到问题和突发状况是无法快速解决的，表现为反应过慢或者是全面思考，例如看见一个从来没见过的大型动物，还不赶紧跑路那就是死路一条，那些察觉到危险逃跑成功的人活了下来，基因也流传于世。而那些面对可能的危险抱有好奇心富有研究精神的人，已经被吃了。

定势是由先前的活动而造成的一种对活动的特殊的心理准备状态，或活动的倾向性。在环境不变的条件下，定势使人能够应用已掌握的方法迅速解决问题。

思维定式可以使我们在从事某些活动时能够相当熟练，甚至达到自动化，可以节省很多时间和精力 。

例如在做一类型的题时，做得熟练后，下次碰到你马上就会做了；当开车的速度很快时，突然前面出现一只小狗，我们马上就会刹车；忽然遇见一个美女或者帅哥，你的内心好感度就会增加；工作中遇到人手不足的情况第一反应就是加人。虽然有快速反应这样的好处，但在情境发生变化时，则会妨碍人采用新的方法或者影响人的判断。

惯性思维能够让人类通过过去的知识经验积累迅速做出判断和反应。在某些场景下有一定积极作用。但既然是定势或者惯性，那么必然会成为创新的阻碍。在创新只属于极少数天才的时代，用惯性思维生存的人还能够过得顺风顺水。

但如果在一个全民创业、人人创新的时代，创新成为人们赖以用于生存竞争不可或缺的素质时，再不突破惯性思维，必然会越活越艰难，成为被时代淘汰的人群。

工作中遇到下属反馈人手不足要加人的时候，一个合格的领导者此刻的表现应该是去判断是不是真的人手不足，工作效率是不是足够高，足够有效。

惯性思维主要体现在习惯纵向思维、凡事非黑即白、抗拒不同观点上。

有个观点叫作穷人思维，意思是穷人因为金钱的原因，把时间用来换钱，于是时间越来越少，没有时间去思考未来，一切只为解决眼前问题。于是恶性循环，穷人越来越穷。而富人思维和穷人思维的不同在于，富人更善于思考未来 5 年以后会是怎么样，把时间看得长远，而不是只看眼前。

需要注意的是，这里所说的穷人和富人不仅仅以财富数值来衡量。

穷人可以在淘宝上花一两个小时，去挑选性价比最高的东西，可以在各类剁手信息网站比如“什么值得买”上面浏览各类促销打折信息，可以花费很多时间去搜索真货和假货的区别及如何鉴定真伪。也许这是一种乐趣，但是损失的是你为数不多的时间，穷人用时间来换金钱，富人用金钱换时间。再说了，谁能保证网上那些过时的信息就能保证你买不到假货呢?

穷人思维导致人们只找稳定的工作，害怕风险，选择工作只看薪水高不高，而不考虑行业是不是夕阳行业，有没有发展。在薪水和期权之间毫不犹豫选择薪水。最严重的穷人思维是认为自己只要改变思维方式就能变成富人，实际上却不是仅仅改变思维方式那么简单。改变思维只是迈出第一步而已。

如何打破惯性思维

批判性阅读书本知识。书本知识对人类所起的作用是巨大的，但随着知识发展速度越来越快，不可避免地会有落后、偏差的情况出现。

不迷信权威。这也和中国的教育方式有关，从前的中国式教育更多的是让学生被动接受而不是独立思考。树立权威虽然可以让人们迅速接受知识，但同样导致人们不敢挑战权威，所以也会成为阻碍。要明白权威也有相对性，在相对时间和领域内的权威，并不是适合一切时间和空间的。

权威也是人，受时代和环境的影响，做出的判断也不一定准确。

避免从众。从众思维典型表现为人云亦云，懒于思考和考证。跟随大众，即使犯错也不会责众。破除从众思维的方法是养成独立思考的习惯。既要考虑多数人的意见，也要有自己的思考和分析。

很多人都听说过1996年比尔·盖茨说640kb内存足够所有人用这句话，可是你有没有想过比尔·盖茨这样的天才学霸会说出这么愚蠢的话吗？我相信有很多人都相信比尔·盖茨说过这句话，当然比尔·盖茨后来也辟谣了，说自己虽然做过蠢事，但从来没有说过这样的蠢话。

当业界都在谈论AR、VR的时候，你有没有想过是不是真的有那么多应用场景？当大家都在对人工智能和深度学习的未来看好的时候，你有没有想过一些科技界的大佬们对此持有不同的看法？比如要人们警惕人工智能。这里有一点要注意，他们说的是警惕，而不是反对，有些媒体为了吸引眼球，说比尔·盖茨、霍金反对人工智能，我想问一问这些媒体，你们的良心不会痛吗？

要突破界限，善于跨界。中国的国徽是谁设计的，估计很少有人知道。实际上是建筑师们设计的。听上去有些不搭边，但确实是当年还在清华大学的林徽因牵头设计，梁思成也给出了指导意见。这也算是跨界啊，建筑讲究的是立体感，把另一批搞美术的设计给比下去了。

明朝有个驿站工作者叫李自成，那时候的物流待遇没有现代好，感觉做物流没有前途，于是开始拉起一支队伍，投身于国家管理制度探索的事业中，虽然最后创业失败了，但这也能带给我们一些启示。

说回 AR 增强现实，百度地图已经开始应用了，开着摄像头就能把实际路况和屏幕上的导航线结合起来。在去年的时候，我还和朋友说起，AR 增强现实可以和旅游类的应用相结合，通过用摄像头采集实际环境，根据 GPS 经纬度定位，通过手机把旅游景点或者餐饮消费类店铺和实景有机结合，给用户更好的体验，毕竟图形化要比文字更容易让人接受。

发散思维

培养发散思维（从一点扩展到多点）和逆向思维（例如换位思考、换角度思考），以及把发散思维和逆向思维结合为发散型逆向思维。

任何事物或者问题都会有多个基本功能或者属性，每个基本功能或属性都能对应一个基本原理，将基本功能属性和不同的基本原理对应起来，就会有新的组合。这样说起来有些抽象，举例说明一下。

一把伞，我们首先能想到的功能是挡雨或者遮阳。事实上，我们可以把伞的基本功能和属性分为：挡雨、遮阳、装饰、支撑、武器、掩饰、减速等；再把伞的组成要素分解为：材质、颜色、材料、长度、宽度、重量、厚度、弹性、韧性、张力、透光率、硬度、工作温度等，实际上还可以有更多枚举。

如果需要在伞上面做改进创新，可以将这些属性和要素原理一一结合起来，再进行组合和改变。比如可以将伞变成杀人武器（古老的 007 系列中就有），也可以将伞变成老人家的手杖或者是登山时候的登山杖，在伞上加上电池模块，还可以成为充电宝，加上摄像头可以作为记录仪使用。

人类的神经元通过网络连接起来才能发挥计算作用，如果大脑中的知识点碎片化，没有连接起来，那么在要使用的时候，就会出现好像看过很多知识、读过很多书，但是一到需要用的时候大脑一片空白的情景。这是因为**你的知识没有经过你大脑的重建，这样的知识不利于发散思维。**

小结

人的思维容易被习惯局限，被环境局限，被阅历局限，被知识储备局限。可以从这四个维度去找出解决方法。突破习惯，在思考问题的时候，不要满足于正常的思路，经常接触新环境，提升阅历，学习更多知识。

最后总结以上观点，打破思维局限首先要做的就是批判性地去阅读书面和其他一切知识，不迷信权威；其次避免从众心理人云亦云；最后是培养发散思维和逆向思维。

创造属于自己的概念

马云提出“新零售”，京东和阿里提出“智能物流”，罗振宇提出一个“国民总时间”。为什么他们可以定义新概念？

为什么我们没有想过，要不要提出被大众所认同的公共概念，为什么自己不能去定义一个概念？是定义概念太难了，还是我们从来没有想过这个问题？对于普通人来说，并不是都要成为意见领袖或者大佬，但如果能有定义概念的意识，能够对概念有自己的理解，一定可以提高思维层次。

层次高的人定义概念，层次略低的人延伸概念，层次再低的人只是听到概念。

什么是概念

概念是人类对同一类事物的属性和特征的抽象的概括的反映，具有抽象性、间接性、概括性。

概念的关键作用有分类、推导概念额外的属性、引导注意和解释、交流和推理。

读小学时，语文老师喜欢让同学们总结课文的中心思想，目的是想锻炼大家的总结归纳能力，学会形成自己的概念。

1. 概念的重要性

谁需要来定义概念，对于普通人来说，定义概念有什么用呢？

认知层次越高的人，对于概念的认知水平越高级。

普通人在每时每刻，思维中的概念都在发挥作用，只不过因为思维惯性，只要是让大脑高速运转的活动，大脑都很不情愿，能不动脑就不动脑，所以普通人也从没有想过对于概念的认知。

了解概念是什么，是如何定义出来的，使普通人在日常生活和工作中能够养成一种思维习惯，有利于促进沟通，提升认知水平，再不济也能分清什么是伪概念，不至于上当受骗。

假如没有概念，我们就无法和他人进行沟通，无法对知识和经验进行有效的传播。

举个简单的例子，你在公元 2017 年穿越回唐朝，然后向唐朝皇帝解释什么是手机，你该如何组织语言让他理解你所说的到底是什么呢?

皇帝没有任何关于通讯、电子设备、网络、应用的概念。那么你就需要考虑唐朝最有权势的这个人他的世界观里的概念有什么，再尝试组合这些概念让他理解。

没有概念，我们面对的是海量的信息，而不知道如何归纳和描述。无法对事物进行分类，世界一片混沌。

你向一个人解释，我正在用的这个是一种能够按照预先编写的程序连续、自动地工作，对输入的数据信息进行加工、存储、传送，由集成电路、机械部件组成的电子设备，鬼才知道你说的是计算机这种东西。

人类的语言可以表现眼前不存在的东西，使得我们即使看不到这些事物也可以谈论它们。

这些东西无一不是只存在于我们大脑中的概念，却能够在我们的生活中扮演举足轻重的角色。概念的改变推动了生产力的发展，进而促进生产关系的改变。

2. 概念的发展史

经典观点认为概念由一组必要且充分的属性所定义。

用经典观点来定义创业者。

创业者是指某个人发现某种信息、资源、机会或掌握某种技术，利用或借用相应的平台或载体，将其发现的信息、资源、机会或掌握的技术，以一定的方式，转化、创造成更多的财富、价值，并实现某种追求或目标的过程的人。

上述定义，没有包含创业失败者，甚至套在诺贝尔奖获得者中的科学家身上也可以。

对于大部分概念来说，找出定义其充分必要的属性很困难。例如哲学家维特根斯坦提出关于“游戏”的定义问题。游戏本身就有不同的属性，有些游戏是竞争性的，比如反恐精英、穿越火线、魔兽；有些游戏如抢车位、偷菜，带有娱乐性质，促进社交关系，类似的还有支付宝的种树收能量；有些游戏需要技巧，例如密室逃脱。游戏可以一个人玩，也可以很多人玩。

游戏有网游，也有单机游戏，可以用手机玩，也可以用纸牌玩，甚至不需要任何道具和载体也可以玩。

要想把所有关于游戏的定义性特征都列出来是不可能的。

还有难以分类的事物，例如书籍，书是知识载体还是装饰材料呢？那些天天朝九晚五的白领精英们在如今知识付费终身学习的时代，是学生吗？

近几十年来，概念的经典观点逐步转变为概率观点。

概率观点是什么？当我们考察某一实例是否属于某一范畴的时候，要做的就是比较两者之间的相似程度，当实例与范畴之间的相似性超过临界点，就可以将该实例归入这个范畴。

我们试试用概率观点定义“创业者”这个概念。

创业者是早出晚归，经常加班，生活质量低于同样能力的打工者，具有极高的主动性，自我激励，高风险高收益，致力于创新商业模式换取巨额财富的人。

但随后也有人对于概率观点中的相似性提出质疑。

这个世界上任何两个客体之间都会有许多可能的相似性。例如哑铃和自行车，两者都可以用来锻炼，两者重量都没有超过1000千克，两者都不用电，两者都是铁做的，两者都可以买得到，等等。

客体和范畴之间还存在因果关系。比如我们晚上在酒吧街看到有人从酒吧出来抱着树跳舞，我们就知道这人喝醉了。之所以做出这种判断，是因为我们对于客体在特定环境下的行为特征代表的意义，以及酒喝多了的反应。

这种因果关系的重要性已经超过了相似性的判断，后来这种概念观点被称为理论概念观。这种概念观加深了人们对概念的理解。

到目前为止，学术界还是以概率观点为主流——**以客体与范畴的相似性概率来判断。**

如何形成概念

我们习惯了从小到大接受概念，学习概念，却从来没有想过去提炼概念，形成属于自己的概念。

知识时代，各种新概念层出不穷，如果不假思索地全盘接受，对个人而言不是好事情。我们需要对概念进行甄别，是真概念还是伪概念，是有害的还是有利的。

如果我们不思考，就会失去判断力。

概念的形成是对多个假设进行考验的过程。

概念有层级，最抽象和宽泛的概念在最上层，最具体和狭窄的处于最底层。反映的是不同的抽象水平。

大家经常说的发现事物的本质，实际上就是在定义最高层级的概念。

按照层次从高到低划分——生物 > 脊椎动物 > 哺乳类 > 狗 > 猎犬 > 斑点狗。

当我们想起狗这个概念的时候，脑海里会浮现狗会跑，会吠，可能还会咬人。当想起猎犬的时候，会想到它除了会跑会叫，还会协助抓猎物。当想起斑点狗的时候，除了上述特征，还会想到狗的外表特征，例如斑点。

现代程序员们对这个过程都不陌生，抽象能力甚至成为了评价一个程序员能力层级的重要标准。最高级的程序员可以把业务模式抽象为软件架构，这个层级水平的程序员通常被称为“软件架构师”。

如果要程序员设计一个狗类的应用 App，初级程序员会直接写一段代码，描述狗的各种属性特征和行为。没过几天，老板心血来潮，要你写一个猫类的应用 App，初级程序员只好老老实实从头再写，以前写的代码都没用了。

高级程序员会先写最高层级的生物代码，然后从生物代码继承下来，分层设计。老板心血来潮要写猫类的应用时，他直接从原有哺乳类的代码继承下来，扩展猫的属性和行为特征，这样就轻松省事了。

所以那些天天加班写代码的程序员，有可能是因为抽象设计能力不足，导致有大量重复的工作，效率低下。反而高级程序员表面看起来工作最轻松，很少加班。

除了程序员，还有很多行业都可以应用这种思维。

以共享经济举例分析，先看经济的定义。

经济是价值的创造、转化与实现；人类经济活动就是创造、转化、实现价值，满足人类物质文化生活需要的活动。

共享经济的本质——整合线下的闲散物品或服务者，让他们以较低的价格提供产品或服务。对于供给方来说，通过在特定时间内让渡物品的使用权或提供服务，来获得一定的金钱回报；对需求方而言，不直接拥有物品的所有权，而是通过租、借等共享的方式使用物品。

从广义上来看，共享经济的上层是市场经济，市场经济上层是经济体系。

从狭义上来看，共享经济的上层是商业模式，商业模式的上层是商业逻辑。

和共享经济同层次的还有免费经济、传统经济（买卖模式）等。

商业模式是一种包含了一系列要素及其关系的概念性工具，用以阐明某个特定实体的商业逻辑。它描述了公司所能为客户提供的价值以及公司的内部结构、合作伙伴网络和关系资本（Relationship Capital）等用以实现（创造、推销和交付）这一价值并产生可持续盈利收入的要素。

商业模式的本质是什么？本质是利益相关者的交易结构（结构这个词听上去似乎不太好理解，那么换成模型，会不会更容易理解一些？）。

那么，商业模式的上层是什么？是商业还是模式？

先温习一遍关于概念的概念。

概念是人类对同一类事物的属性和特征的抽象的概括的反映，具有抽象性、间接性、概括性。

商业的概念定义——以买卖方式使商品流通的经济活动。

模式的概念定义——模式是主体行为的一般方式，包括科学实验模式、经济发展模式、企业盈利模式等，是理论和实践之间的中介环节，具有一般性、简单性、重复性、结构性、稳定性、可操作性的特征。

从上述定义和特征可以看出，模式更符合商业模式的上层定义。

因此，层次顺序为——模式 > 商业模式 > 共享经济 >Uber。

如上演示了如何从一个概念回溯上层概念的过程，也是一个抽象、归纳、分类的过程，里面涉及一些用于判断因果关系、关联关系的知识。

如何定义一个新概念

抽象概念的过程可以分解为这几个问题：**这个事物是什么？能做什么？怎么做的？**

以一个事物举例。

我试着先定义一个新概念——智能体经济。首先来说说什么是智能体。

智能体是指驻留在某一环境下，能持续自主地发挥作用，具备驻留性、反应性、社会性、主动性等特征的计算实体。

例如智能家庭管家，可以是硬件（机器人），也可以是软件形式存在。管家能够理解人类自然语言，具备人机交互能力，根据人类的行为和习惯管理家中一切智能硬件，为人类提供管家服务。

其他的还有智能音箱。再前沿一些，便是人体智能扩展，例如为人类大脑无缝扩展计算、存储功能，使人类成为类似于《未来简史》中提到的半神人。

是什么？

智能体经济是以智能体作为交易对象基础的一种商业模式。是建立在智能体的生产、分配和使用（消费）之上的一种经济。智能体经济提供的不仅仅是硬件、软件，还有智能信息服务。其交易结构有买卖、众筹、租赁、共享、免费等。

能做什么？

知识经济通过人类对于知识的获取而认识自身，是自发的、自我驱动的，通过发掘内在的潜力（思维方式、社会心理），从而提高人类的认知能力。智能体经济能够补充现有知识经济的短板，通过外部力量提高人类的认知能力。

怎么做的?

随着人工智能技术发展和认知神经科学发展，智能体生产者在语义识别以及人类神经和硬件的融合对接上获得重大突破，这为那些有提升大脑认知能力需求，却无法从知识经济中获益的群体提供了可能，使得他们成为消费者。交易模式主要有如下四种：

传统买卖模式，适合于有足够财富能够支付高额研发成本的消费者群体。

租赁模式，适合于阶段性、长期使用，但资金不足以购买的消费者群体。

共享模式，适合于不需要获得所有权，只需要短期使用权的消费者群体。

免费模式，适合于没有付费意愿的消费者群体，生产者不通过买卖智能体本身获利，而是通过收集消费者的使用数据进行获利。

通过如上所举示例，可以看到一个新概念是如何产生的。

小结

概念是人类对同一类事物的属性和特征的抽象的概括的反映，具有抽象性、间接性、概括性。是事物的本质。

人类无时无刻不在运用概念，但容易被忽视。

打造一个新概念的过程有如下三步。

第一步是分解为这几个问题：这个事物是什么？能做什么？怎么做的？

第二步是从如上问题的答案中提取概念的属性和特征。

第三步是给出概念的定义。

第四章

实践你的认知

知行合一，认知能力提升不仅仅是学习一堆概念和名词，更需要我们有意识地进行实践运用。将学习和实践变成一个闭环，从而实现认知迭代。认知升级首先从了解自我开始实践，逐步应用到工作与生活当中。

如何让个人的行动价值最大化

万物本是一体，道理总是相通的。

作为企业，首要考虑的是盈利，其次是为社会和人类带来价值。先解决生存问题，再考虑生存基础之上的发展。

作为个人，首要考虑的是生存，其次才是精神层次方面的需求，例如获得尊重，实现自我或者流芳百世，等等。为了生存，人类需要工作，需要收入，需要产生价值，无论是主动收入或者被动收入。

假设你需要买一台手机，这个购买活动过程可以分解为：

1. 确定自身需求（拍照、外观、性能、价格）累计花费 1 天。

2. 寻找符合要求的手机（看各种评测、资料）累计花费 7 天。

3. 选择购买方式（选择店家，货比三家、翻评论）累计花费 3 天。

4. 下单（选择网店或者亲自前往）累计花费 0.5 天。

买一部手机花费了 11.5 天，如果按照月薪 1 万元来计算，平均每天的薪水大约 454 元（按 22 个工作日计算），那么你花在购买手机这个行为上累计 454×11.5=5221 元。

是不是被这个结果吓了一跳。没错，这就是你为买手机而付出的机会成本。但为什么还是有许多人乐此不疲，排除掉部分人就喜欢研究数码产品的可能，更多的是没有意识到时间的价值。

研究性价比的目的是为了省钱没有错，但省下来的是一小部分看得见的现金，失去的是宝贵的时间，是看不见的隐性成本。能算到这一笔账的人很少。把这些省下来的时间用来学习更多的知识和技能，投资自己才会更有价值，毕竟时间是有限的。

价值链理论

价值链理论是哈佛大学商学院教授迈克尔·波特于 1985 年提出的。波特认为："每一个企业都是在设计、生产、销售、发送和辅助其产品的过程中进行种种活动的集合体。所有这些活动可以用一个价值链来表明。"

企业的价值创造是由一系列活动构成的，这些活动可分为基本活动和辅助活动两类，基本活动包括内部后勤、生产作业、外部后勤、市场和销售、服务等；而辅助活动则包括采购、技术开发、人力资源管理和企业基础设施等。

基础活动直接为顾客创造价值，辅助活动为基础活动提供支持。它们之间的关系可以理解为直接和间接创造价值的关系。

这些互不相同但又相互关联的生产经营活动，构成了一个创造价值的动态过程，即价值链。

如果以价值链理论来分析，如上购买手机的第二步和第三步创造的价值最少，应当进行优化。

个人价值链

个人在工作中的价值创造也是由一系列活动构成的，可以分为基本活动和辅助活动两类，基本活动包括过滤信息、明确任务、分解任务、解决问题、反馈结果。辅助活动包括时间管理、学习新知识、总结、预判。

个人价值链分析方法是个人为一系列的输入、转换与输出的活动序列集合，每个活动都有可能相对于最终产出产生增值行为，从而增强个人的竞争地位。

个人价值链

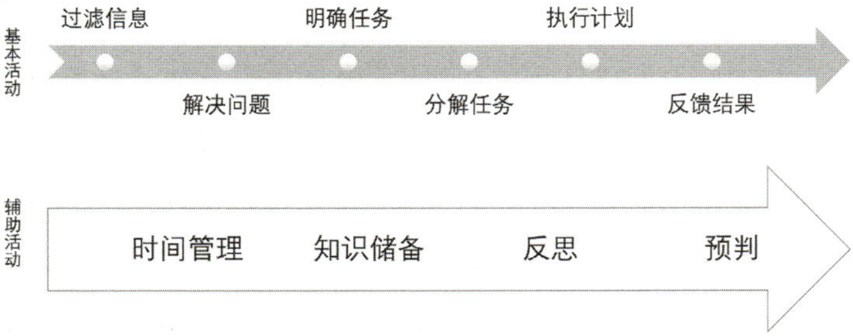

基本活动包括过滤信息、解决问题、明确任务、分解任务、执行计划、反馈结果。

1. 过滤信息：对信息的优先级进行分析过滤，不要让无关紧要或者是优先级低的信息占用心智，导致时间浪费、工作延误。学会从众多信息中筛选出关键信息，这些信息中可能隐藏着你想要的答案。

优先级排序的方式由信息产生的价值、重要性、紧急性、可能投入的成本综合确定。

作为活动的源头，过滤信息的重要程度是不言而喻的。

2. 解决问题：任务通常是为了解决某个或某些特定的问题。在接收到重要的任务之后，要从中找到问题所在并找到解决方法，从而转换成具体的目标。

解决问题的步骤和方法包括界定问题、分析问题、收集数据、解释结果。其中最为重要的步骤是界定问题。界定问题意味着要明确问题的范围，确认是否是真正的问题，如果无法解决，是否需要考虑重新定义。

例如，当同事过来找你问你有没有苹果的时候，你只有一个梨，所以你只好告诉同事，对不起我没有苹果。“有没有苹果”是个表面上的问题，但同事实际的问题可能是“你有没有吃的”。

重新定义问题比直接寻找解决方案要重要。

3. 明确任务：明确具体的目标，并制订成可执行的计划。

明确任务包括自上而下、逐层分解、明确时间、分配时间、分配资源。

老板给你吩咐了一个任务，让你写一份公司介绍的 PPT。于是你兴冲冲地去搜集了一堆 PPT 模版，然后再找了一些公司网站上的内容，再美化一下排版就发给老板。你觉得老板会夸你办事效率高吗?

正确的做法是，首先明确 PPT 的受众是谁，是投资人还是商业合作伙伴，还是用来给内部员工培训用的，什么时间要完成。

4. 执行计划：根据计划执行的进展实时反馈并调整，以达成目标的过程。

执行计划包括跟踪关键任务、调整计划。

一项计划中会有许多任务，如果每项任务都事无巨细地跟踪，并且延期处理，那么效率自然无法提升，而且从来就不会有完美的事物。有些任务延期了，不会影响整体进度。有些任务延期则会影响全局，这样的任务就是关键任务，把精力和时间都放在关键任务上，才能保证成功。

所有的关键任务联系在一起，称之为“关键路径”。

5. 反馈结果：将计划执行的结果按照一定的内容反馈给相关人员。

反馈结果包括任务完成情况、成本投入、产生的价值、相关数据展示。

辅助活动包括时间管理、知识储备、反思、预判等。

1. 时间管理：用科学的时间管理方法、工具、技巧帮助完成任务，实现目标。

时间管理是一种方法论，不仅仅是某个工具软件或 App，例如 GTD 时间管理包括五个过程：收集、整理、组织、回顾、执行。

每个人对时间的看法各有不同，有的人认为时间充裕，有的人认为时间宝贵。当所有的互联网应用 App 都在使出浑身解数试图吸引你的时候，你还会觉得时间充裕吗？所有的互联网公司本质上都在做两件事情，一件是帮你节约时间，一件是帮你打发时间。

时间的碎片化不适合所有场景，碎片意味着低效。我推崇的时间管理极其简单，用一句话来描述就是——每一个 25 分钟之内只做一件事情。

2. 知识储备：对工作有价值的相关知识储备。

知识储备包含如下三个维度：时间连续性、知识相关性、知识有效性。

知识的分类通常包括四个部分：事实性知识、方法论知识、规范性知识和价值知识。

分类需要结合上述三个维度，才能使知识储备变得更有价值。

3. 反思：反过来思考，将所做的事情回放一遍，思考其中有哪些不足。

反思包括阶段性总结、定期总结。

在整个辅助活动中，大概只有这个环节最容易被忽视，大家出于惰性会直接跳过去。实际上这个过程是最为重要的步骤，也是认知升级最为重要的一环。

没有反思，就很难找出改进的地方。那些犯下的错误和付出的代价，也没有发挥价值。只有反思，才会让人做到相同的错误不会犯两次。做到一日三省有难度，但一日一省还是有必要的。

每天入睡前，思考一下今天做了哪些事情，有哪些做得好，哪些做得不好，做得不好的应该如何改进。

4. 预判：人无远虑，必有近忧。提前预判短期内和长期内可能的变化，并做好准备。

预判包括方向、趋势、风险、预期等。

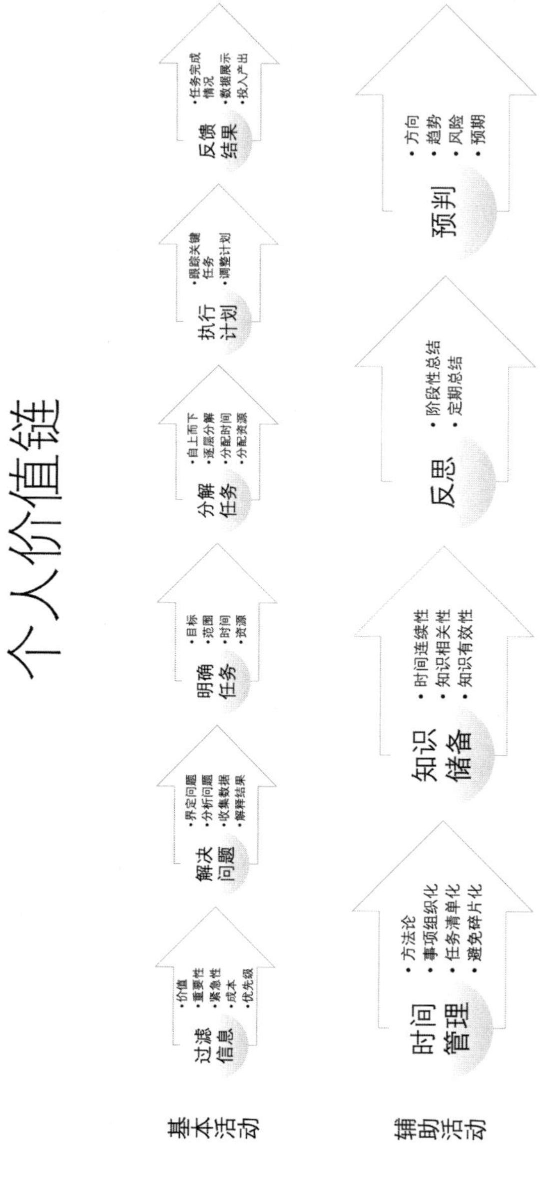
个人价值链
基本活动
过滤信息
·价值 ·重要性 ·紧急性 ·成本 ·优先级
解决问题
·界定问题 ·分析问题 ·收集数据 ·解释结果
明确任务
·目标 ·范围 ·时间 ·资源
分解任务
·自上而下 ·逐层分解 ·分配时间 ·分配资源
执行计划
·跟踪关键任务 ·调整计划
反馈结果
·任务完成情况 ·数据展示 ·投入产出
辅助活动
时间管理
·方法论 ·事项组织化 ·任务清单化 ·避免碎片化
知识储备
·时间连续性 ·知识相关性 ·知识有效性
反思
·阶段性总结 ·定期总结
预判
·方向 ·趋势 ·风险 ·预期

思考题

小明是一家公司的销售经理。

9 点上班，到公司先打开手机刷微博热点，花费半小时。

9 点 30 分，打开浏览器准备收邮件，顺便打开知乎搜索行业相关问题的答案，花费 30 分钟。

10 点，被同事喊去开会，到会议室一脸迷茫，没有提前看邮件里的会议材料，领导在会上安排完任务，发现这个月销售业绩未达标，需要小明给出原因。

11 点，会议结束。小明打开邮箱，正准备回复邮件，电话响了，客户说下个月要更换供应商，小明一阵头大，电话里好说歹说花了将近一个小时才安抚住客户。

12 点，小明吃中饭，午休。

14 点，小明去拜访客户。

16 点，小明准备继续写邮件，被领导叫去单独谈话。

17 点，小明召集销售团队开会。

18 点，小明准备下班。

请尝试用个人价值链分析方法对小明的一天进行分析。

（很多人反映小明的一天过得很开心……）

小结

1. 本文通过价值链分析法的个人应用举例，理解企业价值链分析法。

2. 企业和个人为了提升竞争优势，需要分析价值链，梳理整个流程。

3. 将不能产生价值的活动剔除，对产生最大价值的活动投入更多资源。

4. 基础活动是创造价值的活动，辅助活动是为基础活动提供保障、服务、效率的活动。

5. 价值是所有活动的最重要导向。

6. 个人价值链分析不仅可以应用在工作上，还可应用于生活中。简而言之，你所做的一切都应当能够产生价值。

如何预测行业未来 5 年

极限编程思想创始人之一肯特·贝克曾经说过："当我第一次构建出 XP（Extreme Programming，简称 XP）时，我想到了控制板上的旋钮。每个旋钮都是一种（经验告诉我的）有效的实践，我将所有的旋钮都调到 10（10 是最大刻度），然后等着看会出现什么情况。"

不过这篇文章并不是要讨论极限编程（虽然说这些也挺有意思），我要说的是**极限思考法。**极限思考法是从极限编程的思想延伸出来的一种更深层次，并且可以运用在更通用的场景之下的思维方法。

极限思考法也来源于数学上的极限思想。

极限思想揭示了变量与常量、无限与有限的对立统一关系，是唯物辩证法的对立统一规律在数学领域中的应用。借助极限思想，人们可以从有限认识无限，从"不变"认识"变"，从直线形认识曲线形，从量变认识质变，从近似认识精确。

掌握极限思考法的人可以获得什么好处呢？通常这些人会用来做预测，预测某个行业的未来，预测某个产品的未来。能看到未来的人，自然抢占了先机，而从不思考未来的人，只能在每一次别人获得成功之后感叹，为什么我没有想到呢。不是你没有想到，而是你根本就没有去想。

在冯小刚的经典电影《大腕》里，葛优试图用扔石头向关之琳解释什么是境界。

葛优扔了块石头，对关之琳说："你看，我扔这块石头扔了这么远，你试试你能扔多远？"关之琳试了试。葛优捡了四块石头，放了三块分别在朝上走的阶梯上，指着最近的一块说："这块就是你，你能看这么远。"指着第三块石头说："这是泰勒能看到的境界。"然后将手中最后一块石头用力地扔，石头最终消失在视野中，他指着远方说："这就是佛的境界，它能看到我们都看不到的东西。"

曾经有一名同学向马化腾提问腾讯公司未来发展方向。马化腾回应："我们的规划永远不会太远，看到未来三年已经算是极限了，因为你永远不知道未来三年会发生什么。"

能看到三年比预测三年要厉害多了，这少不了智囊团、研究院的功劳，企业对于预测未来这件事，显然不能像普通人一样拍脑袋想当然，凭直觉行动，需要有大量的行业专家和行业数据做支撑，借助于经济学家的数学模型，最后才是企业掌舵人的决策和判断。

极限思想体现了一种方法论，那就是当我们面对复杂的、不规则的、未知的问题时，要想办法用简单的、规则的、已知的知识去慢慢逼近它，可能这种逼近过程是无穷无尽的，但我们总能越来越接近真相。

利用极限思考法，我们可以提出一堆问题：

如果宽带接近免费会怎么样？

如果手机便宜到极致会怎么样?

如果人工智能开始实用对手机的改变有哪些?

什么情况会导致手机逐渐消失?

……

可以用来做什么呢?比如来预测某个行业未来5年的趋势。

5年之后，电商会变成什么样?

5年之后，物流会变成什么样?

5年之后，人工智能的应用会怎样?

5年之后，手机会变成什么样?

……

预测举例：未来5年手机的发展

从手机的组成部件来分析，预测每个部件在5年后会发展成什么样。

1.CPU

在计算机硬件领域，有个摩尔定律。

摩尔定律是由英特尔(Intel)创始人之一戈登•摩尔(Gordon Moore)提出来的。其内容为：当价格不变时，集成电路上可容纳的元器件的数目，约每隔18～24个月便会增加一倍，性能也将提升一倍。换言之，每一美元所能买到的电脑性能，将每隔18～24个月翻一倍以上。这一定律揭示了信息技术进步的速度。尽管这种趋势已经持续了超过半个世纪，摩尔定律仍应该被认为是观测或推测，而不是一个物理或自然法。

手机的核心部件是 CPU 处理器，CPU 处理器电路的工艺是用“光刻机”（一台 13.5nm 的光刻机的价钱通常都在 5 亿～ 8 亿）制作出来（小于 28 纳米的光刻机，目前还没有生产国允许向中国出口，这也是为什么中国核心芯片受制于人的原因）。

当前的芯片科技完全要依靠量子力学理论。根据量子力学计算，硅芯片中线宽低于 10nm 左右的时候，电子的量子隧道效应将占据主要地位，电子不再沿着预先设计好的电路运行，而是任意穿过 10nm 以下的绝缘壁。现在最先进的微处理器晶体管只是 10 ～ 14nm 宽（晶体管相当于开关，控制着电流的方向。现在的晶体管已经如此之小，一个针头上就能放下大约 3000 万个），预计 2023 年可以到 4 纳米至 6 纳米的工艺制程。

1nm 等于 1/1000000 mm，是一个非常小的尺度，在 1nm 的长度上，只能排列几个原子，因此像这样在原子尺度上来制造电路是相当困难的。

几年前的 CPU 还在拼速度，这两年基本上都在 2Ghz 左右不再突破，是因为在 3Ghz 的 CPU 频率上存在漏电流和发热问题。这也是后来出现双核、四核、八核等处理器的原因，处理器家族在时钟频率上走不通，开始用内核数量来提升性能。

单处理器向多处理器发展，是当前的趋势。目前一些公司已经开始在 CPU 中逐渐加入软件功能，例如对人工智能算法的硬件支持、对 AR 算法的硬件支持。看起来，在硬件性能暂时无法大幅提升的状况下，把许多软件算法集成在处理器中是个好办法。

假如地球上的人类在量子力学的基础理论上有了突破，才有可能打破当前的速度局限性。

未来 5 年内，处理器还是符合摩尔定律。每隔两年翻倍性能。

2. 传感器

如今的智能手机内的平均传感器数量为 11 颗，这 11 颗传感器主要是方向、压力、磁力、加速度、重力、光线、指纹、温度、距离、磁电感应器、陀螺仪等。而到 2021 年这一数量将增加到 20 颗；除了一些必要的同类传感器数量会增多之外，也有不少针对专业领域的机型会考虑搭载一些普通消费者无法想象的传感器，例如：

热成像感应器，通过红外感应器对环境进行热成像。

心率传感器，用来测量心率，目前这个已经在一些智能手表上成熟应用。

血氧传感器，用红外光和红光同时照射手指，根据反射光谱，可以测量血氧含量。

光谱传感器，通过分子识别来鉴别部分药品、食品、酒的真伪。可以告知人们皮肤干燥程度，提醒我们及时补充水分。

如上传感器都是基于Micro Electro Mechanical Systems技术，缩写为 MEMS，中文叫作“微机械机电系统”。

未来的传感器会集中在健康领域，主要包括诊断、治疗、监测和护理，比如助听、指标检测（如血压、血糖水平）、体态监测。MEMS 几乎可以实现人体所有感官功能，包括视觉、听觉、味觉、嗅觉、触觉等，各类健康指标可通过结合 MEMS 与生物化学进行监测，每个人都可以随身携带一台健康检测仪器。

看上去，未来的国际手机厂商会逐渐转变为“华强北”模式，一部手机类似于周星驰电影里的“要你命 3000”。

3. 存储空间

按照摩尔定律，5 年后的存储空间大概要翻 2 倍，如今主流的存储大概是 64G 到 128G，苹果的 iPhone X 顶配为 256G，那么 4 年后主流存储大概是 256G ~ 512G，苹果手机的顶配要破千了，达到 1024G，也就是 1TB 的存储空间。

如此一来，直接会导致移动硬盘的逐渐消失。

4. 外形

无论手机外形如何变化，屏幕与机身占比变得越来越大是趋势，这得益于技术进步，当然少不了手机企业遵从摩尔定律的经济需要（不能一次性地把先进技术都放进一个时期的机型），2018 年的手机都在向全面屏看齐。

会不会出现双面屏呢？就是手机两面都是屏幕，例如曾经出现过背面是电子墨水屏，用来显示一些常用信息，如天气、资讯等。

双曲面屏也是如今比较吸引人的外形，OLED 也叫柔性屏，可以卷曲，这个特性最适合制造无边框屏幕。

如果不是考虑到维修和制造工艺，手机厂商们早就想用双曲面屏把整部手机都包围起来。这样的手机你拿在手里，必然很酷炫。

至于裸眼 3D 屏幕技术，曾经在手机上崭露头角，限于技术不成熟又消失了，未来 5 年内，可能会在技术上进行突破。裸眼 3D 关键在于屏幕材料以及瞳孔追踪技术。

延展思考：手机屏幕可以和其他部分分离开来吗？

5. 材质

手机外壳从工程塑料、金属、玻璃面板、陶瓷、石墨烯一路演化过来，其中以金属和玻璃面板的占多数，陶瓷因为成本的原因目前还没有普及。

据说苹果已经在研发液态金属外壳，液态金属的好处在于，即使你的手机摔了，只要不是脸先着地，那么一点划痕都不会有。虽然这让我想起了《终结者》里的液态金属机器人，但大家不要想象得那么美好。

如果液态金属普及，无疑手机壳、手机套厂商会受到影响，大家的裸奔理想终将不再受限制。

综上所述，5 年后的主流手机性能是目前的 4 倍，因为传感器的技术发展，手机会偏向健康功能，影像功能在趣味性、画质上超越数码相机，数码相机将被淘汰。

随着手机的存储空间的增大，移动硬盘将被替代。手机的裸眼 3D 功能会实现，并且屏幕占比会达到整个机身的 80%。

如上是对手机部件的分析，接下来是从手机外部因素来进行分析。

1. 如果手机流量接近免费会怎么样?

流量接近免费有几种可能：

a. 互联网虚拟运营商主导的，如腾讯、阿里等推出的免流量联名通讯卡。

本质上是互联网巨头的领地收割策略，竞争到最后，必然是看谁圈的地最大。这些虚拟运营商是在通讯运营商（电信、移动、联通）的基础上构建，相当于批发价获取一部分网络资源，然后再和自己的业务叠加起来，给予通讯流量的优惠（无论是通话还是流量）。

b. 运营商主导的。

中国网络的三巨头，也在不断地寻找“流量 + 内容”的转变，目前流量已经是各大运营商的主要收入来源，其实也容易理解，毕竟网络电话、微信的语音通话、视频通话已经抢占了电话的份额，未来 5 年不限流量套餐必然成为主流。

无论是哪一种方式，定向流量免费和不限流量套餐，直接导致本地存储逐渐变得没有那么重要，资料及信息会逐渐转向云端存储。

2. 如果手机便宜到极致会怎么样?

这个问题和个人电脑、笔记本便宜到极致会怎么样是相同性质，如今一台手机性能早已超过过去的笔记本电脑。

便宜到极致这种情况出现的前提是，手机厂商通过其他方式能够赚到钱，而不是通过卖硬件赚钱。

假如真的可以实现便宜到极致，那么人们就没必要获取手机的所有权（购买），可能会采用租用性质，按使用付费，随处可拿。

通过面容识别或其他生物特征解锁，按使用时长付费。用户可以根据自己的需要选择不同款式的手机。

这可能就是“共享手机”。

3. 如果人工智能开始使用对手机的改变有哪些?

首先是手机的人机交互界面会改变，人类会变得越来越懒情，手机会成为一个真正的私人助理。语音识别进化为语义识别，手机通过传感器的进步还可以识别人的心理特征、面部表情从而知道你现在的心情怎么样。

根据你的心情建议你和某位亲密关系的朋友通电话，约饭局。根据你的喜好，来建议你听音乐会或者看电影。至于“今天吃什么”这个困扰上班族长达半个世纪以上的选择难题也会得到解决。

人工智能的高度发展特征就是越来越接近真人——通过图灵测试（你无法判断和你在线沟通的是人还是机器的测试）。于是你可以创建多个你的分身，替代你在忙碌的情况下，和朋友以及其他人在社交工具上聊天，甚至调情，想一想这样的未来既美好又可怕。

伴随着物联网和区块链智能合约技术普及，以及供应链的高度发展，自动买菜（冰箱自动下单购买）、加工（自动炒菜机）等家居智能化将成为现实。工作日街边快餐店、外卖的份额也会逐渐减少。写字楼里配备的无人食材货架、自动炒菜机、煮饭机将逐步替代外卖。

4. 什么情况会导致手机逐渐消失?

手机是便携、高度集成，集通讯设备、浏览器、应用、影像处理等功能于一身的电子设备。

手机要消失，可能的原因是人类生活环境完全智能化，个人通过生物特征就能证明你本人是你本人。随着生物科技、脑神经科学和纳米科技的发展，人类通过大脑内置接收器来完成讯息接收。

还有一种可能的情况，是手机的功能被各式各样的穿戴式设备替代，但从人性角度出发，随身带一堆东西多麻烦，还不如一个手机。智能眼镜也好，VR 头盔也好，都有一定的局限性。

从当前的科技水平来看，5 年甚至更长一段时间内手机还是会存在。

小结

极限思考法把某个具体的行业或者产品分别从时间、数量、空间上的极限来分析和预测可能会出现什么情况，是一种极限求解的思维方法，预测的结果并不重要，重要的是在搜集资料、分析数据的过程中，不断地加深行业认知，并进行创新突破，从而为决策提供参考依据。

科技的进步必然会改变人类生活的各个方面，蝴蝶效应在这方面发挥得淋漓尽致。

我在这篇文章里不自量力地对未来 5 年的某个行业的产品进行预测，本意不是为了做预测，而是为了展示预测的过程和方法——极限思考法。

大部分的预测都不准确，原因很多，任何一个环节的改变都必然影响其他节点甚至互相影响，我们无法列举所有因素。既然不准确为什么还要做预测，**做预测是为了寻找方向而做的沙盘演练。**

怎样在职场快速晋升

有些人工作很多年，却依然泯然众生。

有人的地方就有江湖，职场比江湖还要残酷。然而再怎么残酷，也符合生物界的进化论。

达尔文进化论的自然选择学说的内容主要包括：过度繁殖，生存斗争（也叫生存竞争），遗传和变异，适者生存。

如果把公司当作个体，同样符合自然选择学说。职场更像是大自然，充满了生存竞争和适者生存。

我们在职场中，如何才能在竞争中脱颖而出？这里整理了一些职场思维原则。

明确自己想要什么

很多年前，我去一家有着几十万员工的大公司面试一个管理职位，过五关斩六将，到了最后一关，集团副总裁和我谈了半个小时，面试结束前他最后一句话令我印象深刻：**你要清楚自己想要什么。**

虽然这句话并没有影响我进入这家公司，但我还是花了时间思考这个问题。为什么会问我这句话而不是别的问题，因为面试过程中，我没有很明确自己未来的方向，只是表达了一些事例证明我的工作能力很强，什么岗位都可以做，既可以做技术研发工作，又可以带团队，创过业。

直到几年后我才忽然想明白，这句话有两层意思，一是职业定位，二是目标设定。这两层分别代表着横向和纵向。

1. 职业定位

我认为自己什么都可以做，可以写程序，从前端到后台开发，从设计到实现，从 UI 设计到系统设计、数据库设计，从开发到运维，一个全栈工程师似乎无所不能。几十个人的团队也管理过，能文能武，只要公司有需要，可以做任何岗位。

这是一种典型的本位主义，以自我为中心的思想，是非常不可取的一种思维方式。

假如身在美国的你有一天想买个武器防身，跑去超市看看有没合适的，结果看到有个新武器号称是集合了砍刀、锤子、机枪、手榴弹、喷火器、连环弩多种武器于一身，价钱只是比常规武器贵上一点点，无论有电没电都能用，拥有它就是天下无敌。你会买吗？相信大多数人都会怀疑它的功效和实用性。

换在企业用人也是一样，如果你什么都能做，也可能什么都做不精。如果你自己都没有想清楚最想做什么，企业怎么能把你放在合适的位置上。

2. 目标设定

一个人没有目标容易迷茫，举例来说，每个人都渴望成功，这个“成功”是一个非常模糊的概念。做到什么样的程度是成功，是世俗（物质）的成功，还是你内心世界（精神）定义的成功?

没有目标的人生轨迹，是听天由命，走到哪算哪，这是一种对自我不负责任的体现，是思想上的懒惰。

假设有两种人，一种人从不思考，有班就上，什么工作事少钱多离家近就换什么工作。5 年时间换了 6 份工作，其中跨越 4 个行业，做过 5 种不同的岗位。

还有一种人对自己有明确的定位，目标清晰，要在 3 年之内做到行业专家，5 年之内做到行业 Top3 公司的高管，并且把如何完成目标的计划分解成每个月的目标。

那么哪一种人会在职场上胜出呢?答案显而易见是第二种人。且不论第二种人的目标是否可以达到，至少这种人目标清晰，知道自己想要什么，只要是对促进目标完成无关的任何事情都可以放弃。即使不能达到目标，也离目标不远。

这两种人代表两种极端，80% 的人是在两种极端中间。

不要用战术上的勤奋来掩盖战略上的懒惰。这句话的意思是，少动手多动脑。

战略，是一种从全局考虑谋划实现全局目标的规划，战术只为实现战略的手段之一。战略是一种长远的规划，是远大的目标，往往规划战略、制定战略、用于实现战略的目标的时间比较长。实现战略胜利，有时候要牺牲部分利益。

你的职业规划就是你的战略，多思考你想要什么，你想成为什么样的人，重要性远高于你去学习工作技能。

3. 职场时间差思维

如果你可以收到一笔钱，一种是立刻拿到 1000 元人民币，另一种是一周后拿到 1100 元人民币。你会选哪个？

精明和智慧的人的区别就在于对待时间和收益的态度上。精明的人会计算当前的收益，盘算着哪件事情收益高就做哪件事情。智慧的人会计算未来的收益，如果确定后就会让自己像“单纯的傻子”一样坚持完成目标。

薪水和福利并不是首要考虑的问题，如果你表现得足够优秀，不需要你主动提加薪，老板会主动帮你加薪，把眼光放长远一些。千万不要有给我多少钱就干多少事情的想法。

如何正确地与上级打交道

上级是一种很奇怪的生物，脾气古怪，难以伺候。总是蹦出一些不切实际的想法，看不见员工的辛勤付出，该加薪的时候不加薪。

如果你有这样的想法，说明你还没有找到和上级打交道的正确方法。

首先问自己几个问题。

你知道上级遇到什么困难了吗？

你知道上级为什么事情发愁吗？

如果你站在上级的角度，会怎么评价自己？

如果你站在上级的角度，希望自己有什么样的表现？

如果这些问题你都没有想过，也不知道答案，你就会发现，即使做了很多工作，也不一定能让上级满意，自然也不会得到上级对你的肯定。

我们来试着改变这个现状。我们和上级打交道的常见场景，无非是上级找你安排工作或者你找上级解决问题两种。

上级安排任务的时候，一定要明确任务，如果有任何疑问，尽管问出来。并且定期进行书面汇报，上级会不会看另当别论。

当你找上级解决问题的时候，请记得一定要想好至少三个可行的方案，而不是只提出问题。

上面几个问题中，最关键的还在于**你是否站在上级的角度来思考问题。**

在企业中，下属和上级的关系类似于创业公司创始人和风险投资人之间的关系。

风险投资人决定一家公司是否要投资的评估标准，不是看这家公司的财务报表和数据。更多的是看创始人的思维模式和激情。而追投的标准，是要看真实业务数据的增长是否超出投资人的预期，光符合预期还不够。

同样的，在上下级关系中，上级选择你完成某些工作，类似于投资人出资投资创始人，在你完成工作之后，上级根据你完成工作的质量来决定你的绩效、晋升、薪酬。

站在上级的角度来思考业务该如何开展，看待事物的角度要全面而不是仅仅孤立地看自己的一亩三分地。

把事情做得更好

下班前问自己一句，今天的工作虽然完成了，但是还有没有可以改进的地方呢?

假如你明天要交一份当日的业务数据报表给上级，数据已经分类整理好。你看着时间已经到了下班时间，正准备点击发送邮件的时候。你忽然想起要不要再看看报表再发送。

你试着假设自己就是老板，换个角色来看这封邮件。看着看着你就会有许多意见和不满在脑海里出现。

例如，打开邮件的时候，正文内容只有“老板，你要的数据请见附件”寥寥数字。于是你的老板只好轻抬贵手，点击附件，然后再打开，这样不仅增加了老板的工作量，还浪费了老板的宝贵时间。

好不容易加载完数据，进入眼帘的是一堆令人头大的数据，老板的心情又差了几分，于是你辛勤整理数据的功劳又被抹杀一点。不过老板就是老板，叹了口气然后打开你昨天、前天、大前天等发的每日业务数据报表，把数据都放在一起设置几个公式，拉几个图表。老板心里在想，为什么自己的下级不能给自己省点心呢。

业务数据变化趋势，直观的图表和简短的分析，才是老板最想要看到的内容。

每天下班前多花点时间，回顾当天的工作，有没有可以做得更好、可以改进的地方，日积月累下来，你的成长会远超他人。

职场红线不要碰

不要拉帮结派，搞小团体。

公司老板不喜欢小团体的原因在于，如果有一人离职，小团体其他人也会跟着离职，影响公司业务。小团体的危害在于，容易破坏内部团结和平衡，并且容易形成阻力，小团体也是负面情绪和谣言的高发地。

不要和同事走得太近。所有的职场新人都会有个不好的习惯，就是和同事交朋友。如果要做朋友，请等到其中一方离职之后。

不打听他人薪酬，不讨论薪酬。别人的薪酬，不知道比知道要好，比你少，你不见得会开心，但是知道别人比你多，你反而会不开心。私下讨论薪酬，是任何一家公司的红线，不能触犯。

办公室政治难以避开，明哲保身最好的方法就是**用实力说话。**当你的工作能力强大到一定程度的时候，没有什么可以伤到你。

如果一定要站队，请站在公司这一边。

小结

市面上有许多职场书籍，有许多做人做事的方法，这些方法万变不离其宗，都是源自于几个基本原则。

本文分别从**个人、上级、同事**三个维度来讨论职场进化的基本原则。

一个人在职场的进化，并非来源于一些做事方法的改变，而是来源于思维方式的转变。

让他人在职场认可你，关键在于你对他人而言是否有价值。

你能够帮助上级快速晋升，并且确保你做的每件事情都能为公司带来价值，那么你对于公司的重要性就可想而知了。

达尔文的进化论自然选择学说，强调的不是进化，而是适应。**只有适应周围环境变化的生物，才能存活下来。**

如何成为沟通高手

你能只用 1/7 秒的时间将信息发送给全世界，但是如果想要稍微改变一个人的想法，也许需要几年时间。

无论是生活还是工作，人人都需要沟通。沟通是日常生活中最为重要的一项人类活动，人们用近 70% 的清醒时间进行沟通（包括听、说、读、写四个方面）。

有效沟通是大公司里，属于高管的必备技能。我们很难想象一个能力出色但无法做到有效沟通的高级管理人员能够胜任管理岗位，如果是这样，只能做高级专业人员。

在生活中，如果和对方聊天、沟通很顺畅，过程让人感觉舒适，通常能说明一点，对方具备更高的情商，并且明白有效沟通的技巧。在商务谈判上，更需要有效沟通。

有效沟通四步法，是在聆听和理解对方的基础上，能够以简洁易懂方式沟通复杂内容并产生影响，使沟通对象能够清晰、明确地理解需要传递的内容。

地球人之间的沟通需要把想法通过语言来转换，三体人之间的沟通是直接可见对方的内心思想。单纯从沟通效率相比，无疑是三体人胜出。嗯，我们还是回到地球来吧，毕竟大家都是地球人。

沟通并不是简单地把想法告诉对方就算完成。在工作和生活中，仍然存在许多沟通障碍。

绝大部分沟通是无效的

大多数人认为沟通很容易，把自己所想用语言组织起来告诉对方就行。可这世界上有许多事情看起来容易做起来难。

场景一：企业中的绩效面谈过程中，上级努力挤出笑容，试图让下级接受绩效面谈结果 D。D 是低于平均，下级内心十分不服气，上级心中也十分为难，刚才谈过几个绩效为 A 的，简直是轻松无比，怎么轮到绩效结果差的这么难接受。

场景二：产品经理去小区便利店做产品调研，走了几个便利店，如果不是买了一些东西，差点就被便利店老板赶了出来，产品经理只是问了几个问题，例如“你们家店一天交易流水有多少啊”。

场景三：每年一次的专业等级申报，让员工填写自我评价，其中关于“沟通影响力”这一条，几乎所有人都认为自己达到要求，个个都写自己善于沟通。又到了 HR 组织的“满意度调查”，结果调查结果反馈，人人都觉得互相之间难以沟通。同样一件事，为什么会出现截然不同的结果。

场景四：某高级经理刚参加完周会，接着召集了部门经理们，分配任务，把目标、完成时间、地点、相关责任人都进行了安排。到了任务完成时间才发现，经理们交上来的作业根本达不到自己想要的结果。问题出在哪里，是自己没有交代清楚，还是经理们没有理解清楚。

还有很多类似的场景无法一一列举，无论是什么工作，只要涉及到和其他人打交道，就避免不了沟通。沟通也不仅仅体现在口头方式，也体现在书面形式。在生活中，亦是如此。

也许你认为自己善于沟通，但在别人心里，也许属于难以沟通的那一类。

有效沟通的障碍

1. 以自我为中心

自我是潜意识中的“自我存在感”。

有这些表现则可能过于自我，例如交谈中喜欢打断他人的发言，渴望他人对自己观点的认同，喜欢说“我知道”“你不懂”，很难接受他人意见，等等。

人为什么会以自我为中心，表面上是一个个体心理学问题，实质上是一个社会心理学问题。人如果没有在群体中，就没有对比，自然也没有“自我”这个意识。和他人在一起的时候，才会有自我意识，有对比，才有“自我”。

关于人为什么会以自我为中心这个问题，我特意咨询了一位心理咨询师朋友，希望能给我解惑。但是朋友说，这个问题太难回答了，即使她读了博士也不敢回答。

听到这样的回答，我默默地思考许久，既然如此，那我就硬着头皮去寻找一些答案。不瞒您说，我查找了一些资料，也读了一些相关书籍，勉强有点心得。

以自我为中心，很大程度是出于自恋。自恋是人类的一般本质，人人都自恋（适当的自恋有益健康和发展，但如果自恋过头就要去看医生了）。在自体心理学中，有个名词叫**自恋型人格障碍。**（自体心理学发源于自我心理学派，而自我心理学派来源于经典精神分析。在这里不展开描述）。

从婴儿时期开始到思想成熟期，从完全的“夸大自体”成长为“内聚自体”。前者的表现性需要得到不断地肯定。后者能够正确地认识自己，并且意识到他人独立的存在，又能欣赏他人的优秀品质。

儿时不切实际的幻想，在遭到来自学校和社会的一系列打击之后，慢慢认清现实，调整期望值。成长就是自我幻想的不断减少、修正的过程。

在与他人沟通的过程中，以自我为中心必然会影响对方，即使你的观点正确，但不能共情、不能意识到对方是独立的存在，那么在言语中会不自觉使对方产生反感、厌恶，自然也就无法做到愉快沟通。

2. 不明白对方需要什么

如果你的下级想要加薪，你和他光谈理想，聊上两个小时也没有任何作用。便利店老板想要的是如何赚更多的钱，而不是想了解你的产品和系统有多强大。

不了解对方的诉求，对方在想东，你在聊西，怎么能谈到一起？

现实中更多的情况是，对方也有可能不知道自己需要什么，只会告诉你想要什么。对方需要什么和想要什么往往不一样。

一个是 What do you need，一个是 What do you want。

人们会用 Want 来掩盖内心的 Need。如果这个 Need 是迫于社会压力道德或者其他原因，人们会说谎，说得多了，连自己也信了。

还有一种普遍情况，人们也没有意识到自己真实的 Need 是什么，只会告诉别人自己的 Want。

在互联网产品经理那里，有句话很有用：顾客要买的其实不是某个产品，而是他们需要运用一个产品来完成某件任务或解决某个问题。美国营销大师菲利普科特勒曾说，顾客不是需要买钻头，顾客需要的是一个洞。

汽车大亨福特说，在汽车出来之前，如果我们问客户想要什么，客户会回答“一匹更快的马”。

3. 缺乏沟通前的准备

在进行沟通之前，应该明确沟通的重点，理顺思路，理清逻辑。知己知彼，方能百战不殆，先谋而后动。

在准备一场沟通之前，可以借助如下问题清单，做好沟通前的准备。

你想让对方帮你做什么事情?

明确需要沟通的主题，在沟通过程中，应该围绕这个主题，不要偏离。如果自己也没有想清楚，那么对方怎么能清楚呢。

这对对方有什么好处?

提前想好，这件事情对对方能够带来的好处和利益。好处可以是无形，也可以是有形。没有好处，对方不会上心，也没有太大兴趣。听上去似乎很俗套，但现实如此，所谓好处，无非名和利。

对方可能会提出其他什么要求？

对于对方的要求，自己要想好应对之策，把所有可能都事先预想好。无论是合理要求，还是不合理要求。

如果对方不同意，有没有备选方案？

去罗马有许多途径和方法，唯一不同的在于时间和成本。完成一件事情，也是一样。如果没有备选方案，沟通很容易进入僵局。

如果没达成共识，双方会有什么后果？

思考这个问题的目的是，先设想沟通失败后的结果，如果后果很严重，那么就需要调整自己的沟通策略，有可能要作出让步。

如果没想清楚如上问题，那先别急着去找人谈。

4. 语义含糊，缺乏重点和逻辑

语言的**多义性**容易造成双方理解不一致。

虽然语言的多义性造就了语言和文学的魅力，但在实际沟通中，反而是个障碍。

逻辑越简单越好，如果一个事物逻辑复杂，在沟通中会增加理解难度，出于自尊害怕丢脸，对方可能容易不懂装懂，也可能理解错误，增加沟通成本。

4.1. 逻辑树是一个解决问题，整理思路，理清逻辑的工具。

麦肯锡分析问题最常使用的工具就是“逻辑树”。逻辑树是将问题的所有子问题分层罗列，从最高层开始，并逐步向下扩展。

把一个已知问题当成树干，然后开始考虑这个问题和哪些相关问题或者子任务有关。每想到一点，就给这个问题（也就是树干）加一个“树枝”，并标明这个“树枝”代表什么问题。一个大的“树枝”上还可以有小的“树枝”，如此类推，找出问题的所有相关联项目。逻辑树主要是帮助你理清自己的思路，不进行重复和无关的思考。

逻辑树能保证解决问题的过程的完整性；它能将工作细分为一些利于操作的部分；确定各部分的优先顺序；明确地把责任落实到个人。

逻辑树中列出的问题需要遵循 MECE 原则“相互独立，完全穷尽”。当所有问题都列出来之后，就能找到问题清单，根据问题清单再寻找最终的解决方案。

4.2. 金字塔原理，能够解决“思维混乱、逻辑不清”的问题，达到“想清楚，说明白”的目标。

关于金字塔原理的解读，市面上已经汗牛充栋，建议大家不要买中文版，现有中文版也许是翻译的原因，把一个简单的道理翻来覆去地越说越复杂。去网上搜索一下，有许多文章说得很清楚。

金字塔原理四原则

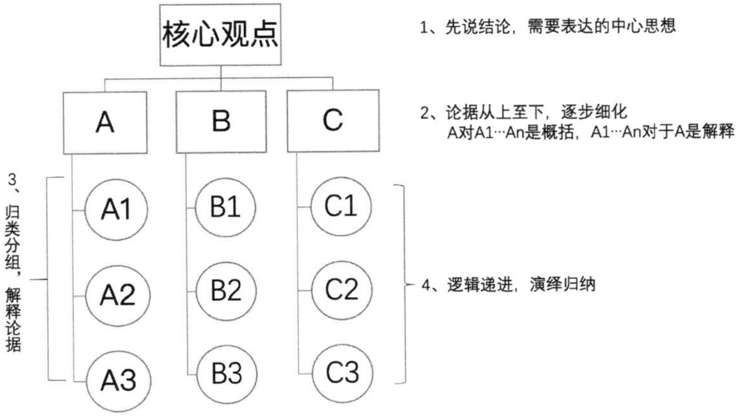

我曾经参加过一个小型的讨论会，主办方请前阿里巴巴集团CEO卫哲分享行业战略，演讲很精彩，让人感觉整体条理清晰，富有逻辑，生动有趣。

他的演讲简化为几个段落，大致如下：

a. 先说结论。

b. 再说支持结论的每个主题思想。

c. 每说完一个段落，会总结当前段落的主题。

d. 当所有主题说完之后，再回顾整个演讲的各个主题。

实际上，就是在演讲中运用了金字塔原理。

如何有效沟通

有效的沟通，建立在聆听和理解对方的基础上，能够以简洁易懂方式沟通复杂内容并产生影响，使沟通对象能够清晰、明确地理解需要传递的内容。

为什么我没有提到沟通技巧，因为在很多情况下，那些所谓的技巧实质上并不能起到真正的作用，即使掌握许多技巧，但仍然无法有效沟通。

这里有四个关键词：**聆听、理解、简化、影响。**

1. 聆听。引导对方说出观点，确认对方的感受，再重新描述。聆听不能仅仅是集中精神听，还要能够及时回应，站在对方的立场上听。

大部分人在倾听时，并不是真的想理解对方，而是为了做出回应。听的人基本在做两件事：要么说话，要么准备说话——史蒂芬·柯维。

聆听比倾听更为满足人的自尊心，给人以认同，使人在一种从容状态中得到说下去的鼓励。聆听分为三个阶段：用耳去听、动口去问和用心聆听。

在大多数情况下，很多人却难以做到用耳去听。“动口去问”表达一种讯息给对方：我在听你说话，并努力理解你的心境。这会让对方感到被尊重。

2. 理解。理解的标志之一，是对所理解的对象能用自己的话表达出来。

要善于听出潜台词，不要被对方冠冕堂皇的表述迷惑，如果对方说自己想要“事业和爱情”，那么很有可能这意味着对方内心真实的想法是“金钱和美女”。

说话人是传达信息的编码者，选用什么样的话语形式表达自己的思想，是主动的、自由的。听话人是接收信息的解码者，是被动的，没有选择的自由。

双方的认知水平、阅历的差异，直接影响理解的准确度。

在实际的沟通过程中，由于沟通双方的一些角色差异（例如上下级），或者是因为某些特殊原因，对方往往会把话说得婉转，不把自己的意图直接表达出来。这也称为“间接语言行为”。

论语中有一段颇为争议的话。

冉有曰：“夫子为卫君乎？”子贡曰：“诺。吾将问之。”入，曰：“伯夷、叔齐何人也？”曰：“古之贤人也。”曰：“怨乎？”曰：“求仁而得仁，又何怨！”出，曰：“夫子不为也。”

冉有精通政事，而子贡精通言语。

孔门弟子冉有向子贡打听，老师是否准备帮助卫国君主。子贡主动帮其问孔子，但却问了个“伯夷、叔齐何人也”的问题，并在得到孔子的回答后，断定孔子不会帮卫君（历代文人对此段内容颇有争议，谈论子贡是如何推理出来这个结论，在本文不做讨论，仅作为示例）。

从文中看出，子贡并没有直接问老师，而是换了个容易的问题问老师，子贡用的是间接言语行为，绕着弯子借用伯夷、叔齐的故事问老师，老师说伯夷、叔齐是仁人，而卫国国君拒绝其父回国即位是不仁的行为，因此子贡断定老师不会支持卫国国君。

中国由于文化原因，上位者说话不喜直白，常常让下位者头疼，老板究竟想表达什么。所幸如今的职场上，逐渐有所好转。

3. 简化。将复杂内容简化为简洁易懂、含义清晰的方式，这可能是整个有效沟通过程中最具备难度的部分。

华罗庚教授说读书过程是“由薄到厚，再由厚到薄”，读书过程中许多不懂之处会查阅资料加以注解，或是另做笔记因此为厚，当理解透了书本则会提炼出核心要点，由此变薄。这就是复杂事物简单化在读书学习中的一种形式。

古人云，大道至简。可见简洁意味着事物的本质。

我们的知识大体说来可以分为两类，一类是**基本构造的单位**，可以理解为对象、个体等，一类是**基本构造单位之间的关系组成的不同事物**。

我们学习知识的路径是先学习基本构造的单位，再学习基本构造单位之间不同关系组成的事物，这是由简入繁。而化繁为简则是在这个基础之上，通过抽象概念的方式，能够轻松地厘清事物的基本构造单位以及关系，并对某个基本构造物和关系进行控制和改变。

全球第一CEO杰克·韦尔奇说，管理就是把复杂的问题简单化，混乱的事情规范化。

以“商业模式”举例，用一句话描述——利益相关者的交易结构。

关于商业模式，目前主流的解释有两种。

一种是哈佛商学院克利斯坦森教授的定义：用户价值定义(customer value proposition）也叫价值主张， 利润公式(profit formula）也叫盈利模式， 产业定位(value chain location），核心资源和流程(key resources& processes）。

一种是国内的魏炜、朱武祥两位教授把商业模式定义为“利益相关者的交易结构”，交易结构包含交易价值、交易成本、交易风险。

假如你要和投资人沟通你的商业模式，建议采用国内的“利益相关者的交易结构”来阐述，两种商业模式都没有对错，没有好坏，各有千秋。如果单纯从理解的角度而言，我认为后者更胜一筹。

将复杂的事物化繁而简，体现在一个人对事物的认知水平上。

“麦肯锡30秒电梯”理论，所要求的是麦肯锡要求他的每一个业务人员，都必须有在30秒的时间向客户介绍方案的能力，在企业的整体运营中，30秒理论对企业的发展团队的执行与沟通都是有非常密切的关系的。

“麦肯锡30秒电梯理论”来源于麦肯锡公司一次沉痛的教训：

麦肯锡公司曾经为一家重要的大客户做咨询。咨询结束的时候，麦肯锡的项目负责人在电梯间里遇见了对方的董事长，该董事长问这个项目负责人：“你能不能说一下现在的结果呢？”由于没有准备，即使有准备，也无法在电梯从30层到1层的30秒钟内把结果说清楚。最终，麦肯锡失去了这一重要客户。

从此，麦肯锡要求公司员工凡事要在最短的时间内把结果表达清楚，凡事要直奔主题、直奔结果。麦肯锡认为，一般情况下人们最多记得住一二三，记不住四五六，所以凡事要归纳在3条以内。这就是如今在商界流传甚广的“30秒钟电梯理论”或称“电梯演讲”。

电梯法则主要是告诉人们，我们的任何计划都必须简单而有效。你的方案如果不能使本单位的员工能够听得懂，那么你的顾客一定不懂并且他们也不会买你公司的东西；此外，一个计划如果策划人在30秒内讲不清楚，说明计划有问题并且计划不具有操作性；同样，一个员工如果在30秒以内讲不清楚公司、所在部门以及他自己的任务分别是什么，那么这个员工就已经不称职了。

4. 影响。沟通的最终目的是影响对方接受你传递的信息。改变对方的行为、思想。

当我们花费许多时间完成沟通，对方即使口头上表示理解，但很可能心中并不认同，这就是失败的沟通。

看沟通是否有效果，要在沟通完之后，观察对方的行为举止来判断。

在企业管理中，沟通影响有三大功能：控制、激励、促进变革。

现代企业讲究创新、变革，不可避免会涉及对员工的影响。

有研究表明，企业在对变革决策的原因进行充分解释和沟通后，员工认同变革决策的可能性会提高一倍。

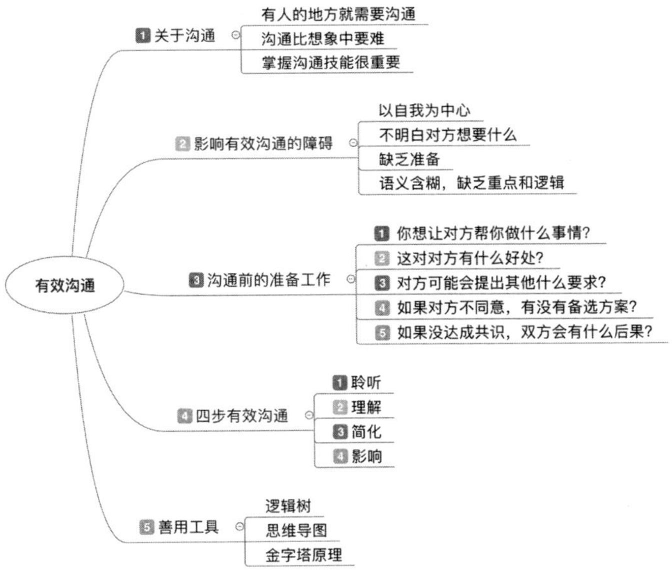

在沟通中，如果我们做好聆听、理解、简化前三步，那么影响这一步就能水到渠成。

另外，讲故事是一个说服他人的有利武器，故事容易让对方产生情感的共鸣，更容易接受你掺杂在故事中的观点。

面试中的心理战

面试过程是一场信息不对等的心理战。

人作为社会中的一员，在工作生涯中，都会遇到面试和被面试。无论是面试官还是候选人，都会思考面试究竟面什么的问题。即使面试流程分工专业如大公司，也会出现面试官看错的情况，在试用期内白白浪费宝贵的公司时间和资源。而有些候选人空有屠龙技，却没有得到展现的机会。

一名不合格的工程师，最多耽误工作进度，一名不合格的高管，可能会浪费企业一年的宝贵时间和巨量资源。

在我的职业生涯中，作为面试官面试过不同层级和岗位的候选人不下千人，最大的感受是有很多优秀的人才，大部分都属于埋头苦干却很少思考和总结反省的类型。

作为面试官，会有很大压力，毕竟有句话这么说，请神容易送神难。

阅读本文，面试官可以了解面试该怎么面，候选人也可以知道面试官想要听到什么样的答案。

找工作，不仅仅是混口饭吃。

面试是一场信息不对等的心理战

从候选人角度来说，所能拥有的信息有JD（岗位说明）、网络上能搜索到的公司信息、公关文、广告等。对于公司的经营状况、管理层信息、战略重点、发展潜力等均无所知。除了岗位信息为真，其他信息都不一定真实。

从面试官来说，所能拥有的信息则是一份候选人或猎头提供的简历信息。而这份简历可能存在造假嫌疑，或者掺了水分。候选人的信息是否真实，如何验证候选人的能力，这些都考验着面试官水平的高低。

那么，面试官如何把好面试关呢。

企业用人的步骤一般如下，提出人员需求和待招聘岗位职责说明，HR 负责找简历，电话面试候选人，面试、复试候选人，薪资谈判，用人部门与 HR 决定是否录用，通知录用。

在这个过程中，最重要的环节是什么？并不是面试环节，而是制定岗位招聘说明书（JD）。

我们观察一下各大招聘网站，会发现大部分招聘信息很雷同，几乎都是拿来改改甚至不用修改就可以直接交给 HR 张贴出去。

JD 可分为对内及对外两种。对内用于用人部门明确岗位核心能力和关键要求，HR 也能更准确判断候选人是否符合需要，避免浪费双方的时间。

对外则是删除可能会泄露公司业务机密部分之后剩下的内容，是公开给所有候选人看的。

从候选人来说，面试前要准备好问题清单，一份好的问题清单能够让你更了解你要去的公司，也可以让面试官对你另眼相看。

1. 公司的盈利模式是什么

2. 公司在行业内排名如何，主要的竞争对手情况，有什么竞争优势

3. 如果是创业公司，融资情况

4. 公司的组织架构是什么样，公司高管团队的介绍

5. 该岗位直接上级是谁，绩效目标是什么，工作业绩衡量标准

6. 该岗位的晋升通道

企业出于各种原因，网络上能公开的信息通常都不准确。候选人在提出这些问题前，最好能够从自身的角度出发来回答这些问题，作为一个参照标准。

很多候选人在面试过程中，都是被动地回答面试官的问题，在面试官问有没有问题需要问的时候，实际上是通过考察候选人提问的问题来判断对企业的重视程度和认知水平。很遗憾，大部分人都错过了或者没有重视。

有些问题面试官出于保密的原因，不会回答得很清晰，也有可能是面试官自己也不清楚。在面试官回答的时候，记住要拿小本子记下。

把自己当作一个投资人一样去问面试官，毕竟你是把自己的职业生涯作为资源投资进去，当然要讲究投资回报率。

面试就是双方互相面试和博弈的过程。

找出胜任岗位的核心能力

在制作 JD 前，先分析出胜任岗位的核心能力素质，步骤如下：

1. 分析岗位的工作内容是什么。

2. 分析完成这些工作内容需要具备哪些能力素质，至少要举出三点以上。

3. 在列举出来的能力素质中找出至少一个以上的核心能力素质，判断原则是，如果缺少这项能力素质，则工作无法完成。

把所有的核心素质列举在一起，加上其他要求，如年龄、专业、行业等普遍要求，一份准确的岗位招聘需求就可以出炉。

以行政专员的岗位职责来举例。

公司某部门要招一个行政专员，行政专员的工作内容如下（假设）：

1. 负责部门行政及后勤工作，为员工提供办公用品及舒适的办公环境。

2. 对部门的会议进行管理，组织临时会议与定期会议，并做好会议纪要。

3. 负责与其他部门对接，作为接口人完成指定事项的跟进。

4. 协助行政经理完成公司行政事务性工作及部门内部日常事务工作。

从工作内容上来看，需要如下能力素质：

1. 时间管理能力

2. 沟通协调能力

3. 具备耐心和细心

4. 颜值高长得好看

5. 精通办公软件

6. 学习能力强

如上能力素质哪一条是最关键，如果缺失则无法胜任该项工作呢？

经过反复讨论，行政专员最需要的是沟通协调能力以及具备细心和耐心。那么在面试中，面试官可以围绕这两项能力来对候选人进行询问。

如果公司有专业等级制度，那么请明确招聘的候选人专业等级，同时参考该专业等级的岗位任职资格作为面试依据。

对于不同的岗位，能力素质也不一样。

例如产品经理的能力素质：

1. 对于人性的深刻理解（核心能力素质）

2. 沟通协调能力

3. 学习和理解能力

核对简历的真实性：连续问 5 个为什么

大部分候选人在写简历的时候，都没有思考过该怎么写，常见的情况是将每个阶段的工作经验用列举工作任务的方式来描写。这种罗列工作的方式虽然简单，但明显不符合面试官的需要，面试官需要看到的是工作成绩，为企业创造的价值。

候选人在简历上的造假、注水、虚构、夸大的情况经常有，从人性角度来看，这是常有的事情。

对于工作技能的描述，“精通”往往是熟悉，“熟悉”往往是用过，“了解”往往是听说过。在负责某项工作的描述上，“负责”有可能只是参与，“设计”有可能只是提了一个想法。“统筹”可能只是跑腿。

连续问 5 个为什么在分析简历真实性中非常实用。

例如有简历这样描述：

开发经理兼架构师

责任描述：开发经理兼架构师，负责技术决策，需求分析，架构设计，设计开发，测试部署，研发管理。

这是一份糟糕的简历，只描述工作职责，没有描述工作业绩。但是本着不要错过的原则，还是面一面。

如果是招架构师（技术岗位），可以让候选人描述架构师的工作业绩、解决过什么问题。假设候选人回答，使用 ×× 架构之后，能够使系统支撑当日上亿的交易流水，百万用户同时在线。

可以接着问，在白板上把架构图画出来看看。如果候选人能够画出架构图，再请候选人讲解架构图中关键的设计是什么。**类似于“打破砂锅问到底”的方式，逐层深入。**

在候选人描述的过程中，观察候选人回答的流畅度、反应速度，判断其描述的专业术语是否准确。

总体顺序如下：

1. 候选人负责某项工作为公司创造的价值（评估候选人的

能力）

2. 候选人在该项工作中的角色（评估候选人的职责）

3. 关键步骤和措施（评估候选人是否专业）

4. 针对某个关键步骤或措施进行深入提问（评估候选人简历真实性）

如果是招聘管理岗位，以管人和管事两条主线提问，大致相同。

对于不同级别的候选人需要考察不同的能力。

级别越低的人越偏重考察“术”的运用，级别越高的人越偏重考察“道”的理解。

我们不需要去考察行政专员对于事物发展规律的理解，不需要去问行政专员如何制定战略。反而需要去考察行政专员对工具的使用，例如办公软件，去考察行政专员的行政知识。

但是在招聘管理线岗位如总监的时候，需要考察的是总监的层级定位和行为特征。

级别	层次定位	行为特征
总监	评估业务问题，落实战略目标	依据业务价值链，将本组织的战略布局落实为本领域的具体战略目标和规划
		从多个维度进行思考，找到实现战略目标的关键举措
		通过客观的财务和业务分析，评价各项业务方案的风险和回报
		评估各项决策的长短期潜在影响，合理预测业务发展

由此可见，到了总监层级，已经不会再去考察该候选人对于专业技术的精通程度（如是专业线则不一样）。

再看主管级的层级定位及行为特征，则是以具体事务处理为主。

级别	层次定位	行为特征
主管	基于数据 / 事实 / 资源，确定工作优先顺序	找到工作中各环节的逻辑关系，抓住问题关键点
		运用数据、事实和资源，确定工作的优先顺序
		识别并运用政策、程序和指引，做出正确的选择

大公司往往会请专业的咨询公司，根据企业经营状况及人才结构，规划出适应于当前阶段的岗位胜任模型，该模型将作为人才招聘、培训、选拔、晋升的唯一标准。

考察候选人的认知能力：如何面试一名总监

在招聘高层级人员时，对于术的理解和运用，5w2h 分析法是一个很好的工具。

1. WHY——为什么？为什么要这么做？理由何在？原因是什么？

2. WHAT——是什么？目的是什么？做什么工作？

3. WHO——谁？由谁来承担？谁来完成？谁负责？

4. WHEN——何时？什么时间完成？什么时机最适宜？

5. WHERE——何处？在哪里做？从哪里入手？

6. HOW——怎么做？如何提高效率？如何实施？方法怎样？

7. HOW MUCH——多少？做到什么程度？数量如何？质量

水平如何？费用产出如何？

以面试总监为例，我们将总监的第一个行为特征，结合候选人的某项工作事例，用 5w2h 来逐步分解成更详细的问题。

假设候选人描述第一个行为特征的案例如下：

公司的战略目标是在新零售的商业模式指导下帮助城市便利店进行互联网改造，具体的业务目标是一年内在一线城市完成 10 万家便利店的改造。

围绕这个战略目标，技术部门做出规划如下：

1.IT 现状梳理，找出存在的问题

2.IT 解决方案（应用架构、技术架构、数据架构、组织架构）

3. 重点工作计划（里程碑计划）

4. 总体预算

那么面试官可以根据如上回答选择部分内容进行提问。

例如：

1. 组织架构为什么要这样设计？理由和原因是什么？

2. 采用什么技术架构？目的是为什么？如何实现？

3. 各部分内容有哪些人负责？

4. 什么时间段完成什么事情？为什么是这个时间段？

……

如上这些问题，能够反映候选人对“术”的理解和运用。

候选人对“道”的理解和应用更多的是从认知层面来判断。

认知现实能力 =（见微知著 + 抽象 + 逻辑演绎）能力 × 有效知识储备量

1. 请候选人陈述过去工作的年限中，有什么收获，包括在思维方式上的收获。

2. 向候选人讲述一段工作上的案例，让候选人思考之后回答在这个案例中掌握哪些信息，讲述自己的看法。

3. 了解候选人对工作相关领域的知识储备能力，学习方式。

万法皆通，知行合一。

创业者的必备素质

很少有人能教你如何做 CEO，不像驾校一样有通用培训流程。CEO 是公司最高决策人，没有人会给你安排具体的任务。如果一定要说任务，无非是让公司活下来，让投资人尽快拿到回报，并且公司能够长久赚钱。

如下是我认为一个创业公司的 CEO 应该具备的特质清单，包括但不限于下列内容。

这些特质，无论是否创业者都应该有个清晰的认知。即使你不打算创业，拥有创业 CEO 的特质也能帮你突破个人能力的天花板。

精神领袖

精神领袖具备强大的气场，气场和自信不一样，气场强大者，必然自信，这种自信会不知不觉影响跟随者。

精神领袖经历丰富，在获得财富和地位的过程中，必然突破了自身内心的限制，驱散了常人内心中的恐惧。例如担心失败的恐惧，担心没有回报的恐惧，担心被人嘲笑、不理解的恐惧。

有坚定的信念，不会轻易受他人和环境的影响，虽千万人吾往矣。

有些创业公司在某个融资阶段，投资人会要求创始团队签对赌协议，如果失败将面临巨额赔款（几千万甚至上亿），把全部身家押上都可能不够。光这一点就可以让无数人却步。这时候你能下这个决心吗？

能感觉到他的眼神坚定，表达有力，演讲煽动人心。情绪稳定，泰山崩于面前而不变色。

识人用人

CEO 不是全能，也不是全才，但财务、人事、技术、市场、运营至少要精通一门。

什么是识人之道。核心在于找到一个关键人，由这个关键人再去带领一个团队。

假设公司开展一项业务，如果业务本身方向没有错，是正确的事情，但是执行过程不顺利，那么较大的几率是人的问题。

团队拿不到结果，最大的问题还是出在团队负责人身上。

所以尽量请最贵的人。

如何识别一个人是否具备这样的能力，可以从几个维度来观察。

1. 了解对方从过去成功或失败的经历中收获了什么

个人能力在成功经历中占多少比例，一个大企业里的员工把事情做成功了，并不能代表是个人能力有多强，更有可能是因为公司的品牌、资源、流量导致的。

而失败的经历更为有价值，毕竟你的失败大部分是由企业来交学费。作为个人在这个过程中有什么样的反思，如何在将来提升成功率，是至关重要的。

2. 了解对方对自己的认知

一个人首先要对自己有清楚的认知，知道自己擅长什么，不擅长什么。清楚地认知自己是认知现实的一个重要基础。

直面内心需要勇气，很少有人会对自己进行深入的剖析。类似于站在他人的角度来观察自己，可能会面临理想中的自己和实际的自己产生的冲突。

3. 了解对方对未来 5 年的判断

这个未来可以是某个行业的未来，可以是某个领域的未来。

对方对未来判断的答案并不重要，重要在于做出这个判断的基础是什么，预判的答案产生的过程才重要。

如果一个人在平时的工作中就会下意识地思考这个问题，必然会去收集许多信息，并且做好准备。

审时度势、懂得放弃

以前上经济学的课程，教授说过一个名词称为“沉没成本”，指的是已经投入的、沉没的、没法收回的成本。意思是这钱反正已经打水漂，就别记在心里。例如失恋的人总是对于付出念念不忘。

在企业中，投入大量人力物力做一件事情，发现没有价值，就应该立刻停止并止损。而不是因为已经投入的成本而舍不得放弃，导致越陷越深。

开除不合适的人，关闭不赚钱的业务线，越早做越好。

创业团队里有一些老人，随着公司发展，明显已经跟不上公司发展的速度，有些 CEO 会念旧情，总觉得于心不忍。这个岗位不合适就换另一个岗位，殊不知，关键能力素质不行，放哪里都很难有成果。

一个人能力够不够，能不能胜任当前岗位，并不需要观察很长时间，短则 7 天，长则十几天，看该人的做事方法和思路，就能得出结论。

在创业公司里，最宝贵的就是时间。

不惧困难、迎难而上

有本书名叫《创业维艰》，看书名基本上能明白整本书说什么内容。作者洋洋洒洒地写了十几万字，依然挡不住前仆后继的创业者。创业公司的成功率在 1/100 左右，如果以上市为目标，则可能是 1/1000。

纵观那些活下来并且成为独角兽的公司，无一不是经历过膨胀、裁员、生死关、重新崛起这些过程，即使如阿里、腾讯当年也是如此。

创业者和打工者面对的现实完全不同，一个是荒野求生，一个是随遇而安。创业的过程基本上就是解决完一个问题接着面对一个新问题。你的客户在哪里，如何让顾客知道你，没有一定的客户，你的上游供应商根本不会用正眼看你。

我印象中比较深刻的一个事情，是我们需要和一家超级大的公司谈商务合作。作为一家创业公司，本身就不具备对等条件。那么如何联系上那家大公司副总裁级别的人，是一个大难题。

换成其他人可能就会放弃，但是做市场出身的 CEO 说，只要能让我过了保安那一关，并且带我到副总裁办公室门口，剩下的交给我就可以了。

我说不用这么麻烦，我联系之前的同事帮你约好和副总裁见面就行了。像这样的情况只是个案，完全的巧合。在企业经营的过程中，不可避免会遇到无数的难关，就像那句话说的，生活没有过不去的坎，只有过不完的坎。

如果领导者没有这种气魄和决心，总是知难而退，还是不要创业了，老老实实做个职业经理人就好。

全时、专注投入

一个人每天的时间只有 24 小时，创业是一件和时间赛跑的生存游戏。

我认识的一个 CEO，他说他一周能工作 80 小时（对于一般人来说，一周工作时间是 40 小时），我很惊讶地问他怎么做到的，他说普通人每天能够有效用在工作上的时间大约是 4 个小时。晚上睡觉花费 6 个小时，吃饭花费 3 小时，花在交通上的时间 2 小时，中午午睡 1 个小时，下班花费 4 个小时娱乐，剩下工作 8 小时，有 4 小时在做刷手机、看网页、发呆、和同事聊天、泡茶、吃零食，可能只剩下 4 小时能真正用在工作上，如果没有正确的思维，4 小时的产出还要对折。

这位 CEO 说真正能够充分利用时间的方法，要学习压缩软件的原理。压缩软件的算法是把相同的数据换一种方式存储。在计算机中，数据用二进制存储，例如“100000100010011”，那么压缩软件通过寻找规律，再进行简化描述。把数据存储表示为 1 个 1，5 个 0，1 个 1，3 个 0，1 个 1，2 个 0，2 个 1。压缩算法有很多，例如霍夫曼编码、字典算法。原理都是把高频内容用更为简短的方式替代。

在时间分配上也可以如此。把相同的事情放在一起处理，更为高效。也可以称之为“批次处理”，硅谷钢铁侠埃隆·马斯克便是如此，例如，把所有要回复的邮件集中一个时间段回复。

一周工作 80 小时，并非是 80 小时都在公司里、在办公室里。有可能在路上，在用餐时间，时间更多用在思考上。可以在健身的时候思考，也可以在阅读的时候思考。

同样的时间里，你工作一年，创业者相当于工作了两年。这就是 CEO 和普通人不断拉开差距的原因。

不浪费时间。每次有事去找老板商量，谈完事情之后，老板从来不挽留继续喝杯茶闲聊。作为管理者需要学会送客的技巧。

置于死地而后生的觉悟

一个创业公司，谁也不知道能不能活过 3 个月。要永远保持一种警惕，公司离倒闭可能只有 30 天。

这是一个变化非常快的时代，每天我们都能从资讯上看到各种创新和变革，一些我们曾经认为不可能的事情都正在变成现实。

当我们沾沾自喜放松警惕的时候，竞争对手说不定正通宵达旦地对你的产品进行微创新。

危机就像达摩克利斯之剑一样时刻悬挂在头上，提醒我们注意现金流，注意支出和收入。

在企业没有获得稳定收益之前，谈发展不如谈生存。